映画の香気

―私のシネマパラダイス―

はしがき

令和二年十月、私は卒寿を迎えました。限られた時間しかないことを知った時、私の映画人生をやはり形として残したいと考えました。

多少の批判はあっても文の中身は偽りではありません。私は自分自身の生きてきたことを誇りに思っています。自分の想いをつらぬけたことの証左がこの文です。

〝わがままに〟映画の世界で生きた一人の男の物語を楽しんでください。それだけです。

はじめに

人生には転機というものがあります。それが私の場合、終戦でした。それまでの正しいとされたものは崩れ、価値観が全く変わりました。

胸を患って休学中の私でしたが、新しい時代が来たことを知りました。

翌年、復学した私は今までのような〝よい子〟になることを捨てました。自分のせっかくの命を自分の心のままに生きていこうと思いました。あのままでは東大を出てどこか役所か大会社に入るという路線を進んだでしょうが、私は自分の中にある志をつらぬきたいと思いました。他人の敷いたレールを走らず自分で生きる道を選びたいと思いました。

親の期待とは違っていたでしょうが、私は将来を映画プロデューサーに決めました。

何千人という志望者の中から松竹の助監督試験に合格しました。私は従来のサラリーマンプロデューサーではなく、ハリウッドのように映画すべてに決定権を持つプロデューサーを心に抱いていました。

然《しか》し、松竹という古い会社には私の望む道はないと知り十年で辞表を提出しました。映画製作の夢を捨てる事は悲しい事でしたが、私にはそのままズルズルと松竹で既定の線路を走る事は出来ません。先のあてもなく辞表を出しました。

こうして三十四歳の私は、映画という夢を捨て博報堂という会社で余生を送ろうとしました。博報堂はよい会社です。夢さえ捨てればよい職場でした。

ところが運命でしょうか。映画を断念した私の後ろからまた映画が追いかけてきました。『北壁に舞う』で長谷川恒男さんという山男の夢を助けるため、博報堂にはじめて映画製作をさせてしまいました。それからは『東京裁判』『風の谷のナウシカ』『ビルマの竪琴』と、映画に携わる破目になりました。

定年まで五、六年を残していましたが私は当初の志の通り、自分の映画を作る道を選びました。安定した生活は出来なくとも、あの少年の時に描いた夢は捨てられませんでした。何の保証もないのに、たった一人の荒木事務所を作りました。それからのことは本文で書きました。成功もあり失敗もありましたが、私は自分の想いをつらぬいて映画に身を捧げました。

どうやら、損とか得でなく自分の想い通りに生きました。

周囲は困ったでしょうが、私の人生は何とかつらぬけました。

愚かな決断だったのかもしれませんが、人生をわがままに生き抜きました。幸せな人生でした。

気楽に私の人生を読んでください。

もくじ

II　出会えて良かった映画界の巨人たち　33

本書に登場する著名な映画人のプロフィール

※五十音順に紹介。敬称略

大谷竹次郎（おおたに・たけじろう）

1877－1969

京都生まれ。松竹株式会社創業者。実業家。双生児の兄・白井松次郎と松竹合名会社を設立。劇場経営から、映画界に進出。大阪と東京の松竹少女歌劇の創立者としても知られる。松竹株式会社の会長も務めた。歌舞伎など古典芸能の保護・普及をした功績は大きい。文化勲章受章。

小栗康平（おぐり・こうへい）

1945年生まれ

映画監督。1981年、『泥の河』で監督デビュー。国内のみならず、世界で高い評価を受ける。84年、『伽倻子のために』、90年に『死の棘』を発表。『死の棘』は、同年の第43回カンヌ国際映画祭で「グランプリ・カンヌ1990」と「国際批評家連盟賞」をダブル受賞という快挙を成し遂げる。

小津安二郎（おづ・やすじろう）

1903－1963

映画監督。1923年、松竹蒲田撮影所に撮影助手として入社。27年、『懺悔の刃』で監督デビュー。初期は喜劇映画のほか、『一人息子』、『父ありき』などで小市民の生活を描く。戦後は、笠智衆と原節子を主演にした『晩春』、『麦秋』、『東京物語』などの作品が有名である。細やかな人間観察と描写、低いカメラ位置で撮影する手法で知られ、没後も高い人気を誇る。

城戸四郎（きど・しろう）

1894－1977

映画製作者。大谷竹次郎の養子となり、松竹キネマ入社。小津安二郎らの新人監督を登用し、日常的な題材の小市民映画を打ち出す。蒲田調、のち大船調と呼ばれる女性向け路線を確立させた。大船へ撮影所を移転後、『愛染かつら』や『君の名は』などの女性向きのメロドラマ路線を大ヒットさせる。松竹を業界最大手に導いた立役者であり、社長、会長を務めた。

木下恵介（きのした・けいすけ）

1912－1998

映画監督。松竹蒲田入社後、1943年、『花咲く港』で監督デビュー。同じ年に監督デビューした黒沢明とともに、戦後の映画界を支える。代表作に、日本最初の長編カラー映画『カルメン故郷に帰る』、『二十四の瞳』、『野菊の如き君なりき』、『喜びも悲しみも幾歳月』など。64年からテレビ界にも進出、「木下恵介劇場」などを手がけた。

蔵原惟繕（くらはら・これよし）

1927－2002

映画監督。1952年、松竹の助監督になり、のちに日活に移る。57年、石原裕次郎主演の『俺は待ってるぜ』で監督デビュー。裕次郎作品のほか、『狂熱の季節』、『執炎』、『愛と死の記録』などの思想性の高い娯楽映画も製作。67年にフリーとなり、『南極物語』、『キタキツネ物語』、『栄光への5000キロ』などの大作を手掛ける。

黒澤　明（くろさわ・あきら）

1910－1998

映画監督。1936年、PCL(のちの東宝)に入社。43年、『姿三四郎』で監督デビュー。『酔いどれ天使』などを製作。50年、『羅生門』でベネチア国際映画祭グランプリを獲得。以後、『生きる』『七人の侍』『用心棒』などを発表、80年、『影武者』は第33回カンヌ国際映画祭グランプリを受賞。のち海外資本と提携して『乱』などを製作。ダイナミックな映像表現とアクション、ヒューマニズムの追求を特徴とする。

小林正樹（こばやし・まさき）

1916－1996

映画監督。1941年、松竹に助監督として入社。52年、『息子の青春』で監督デビュー。53年、『壁あつき部屋』を発表。59年～61年、日中戦争を批判した『人間の條件』6部作を9時間の大作として発表。62年、『切腹』でカンヌ国際映画祭審査員特別賞を受賞。65年、『怪談』でも同賞を再受賞。83年の『東京裁判』も話題に。

須川栄三（すがわ・えいぞう）

1930－1998

映画監督。東宝撮影所に入社後、1958年、『大人には分らない・青春白書』で監督デビュー。59年、『野獣死すべし』で注目される。その後、『けものみち』、『野獣狩り』などを発表。76年、東宝を退社、須川プロを設立して『日本人のへそ』(ATG提携)を手掛ける。87年に『螢川』を発表、90年の『飛ぶ夢をしばらく見ない』が最後の監督作品となる。

I

エッセイ

あいさつ

普通の人なら何でもなくやれるのに、あなたは「行って参ります」とか「只今帰りました」という日常のあいさつが何故出来ないのかと加寿子は言う。「娘にはちゃんとあいさつしなさい」としつけていたのに変だと言う。そう言われてみれば、確かに毎朝玄関に見送りに立つ妻の「行ってらっしゃい」の声に「うむ」と口の中で呟くだけで出かける。この頃は帰ってくると、自分で玄関の鍵をあけ、そっと家に入る。妻は気配を感じてリビングから「お帰りなさい」と声をかける。私は自分でコートをハンガーにかけて黙ってリビングに入る。「変な人」と、懲りずに妻はあいさつをしない私をなじる。

あいさつをするなんて本当に簡単なことだから、素直に妻の言う通りにすればいいとは思うが、どうも出来ない。四十五年以上、一緒に暮らしながら、妻との日々のあいさつだけはどうも照れくさくていけない。タクシーの運転手さんには降車時に必ず「あ、お世話さま」と言うし、レストランのボーイさんやウエイトレスにも「ありがとう」と言えるのに、妻にだけはあいさつの言葉が出ない。テレビの女性評論家なんかが分析すれば、基本的に封建的で女性軽視な思想の持ち主と決めつけられるだろう。

私の知人の中で夫婦のあいさつの素晴らしさを見せてくれた人がいる。夫は出がけに妻をきちんと見て「行ってきます」と会釈する。妻もきちんとした姿勢で「行ってらっしゃいませ」と軽くお辞儀する。そして夫が曲がり角にかかるまで見送っている。

曲がり角にかかると、夫は軽く振り返り会釈する。妻は再び軽く腰を曲げて会釈する。なんとも麗しい光景である。『忍ぶ川』の三浦哲郎夫妻ならではのあいさつである。

私は妻に、その感動を何十年か前に語った。妻は当然のように頷き「そんなに素晴らしいと思うなら、あなたもやればいいでしょ」と言い、その後も反論の根拠として「あなたの尊敬する人のなさるようにすればいいでしょ」と主張する。

確かに、三浦さんご夫妻のあいさつは感じがいいものであるが、私は映画のプロデューサーであるから、自分がそうやった場合のシーンを想像するとフィルムをカットしたくなる。もう一人の私の目が笑いそうで出来ない。

今日も、明日も、死ぬ時まできっと私は妻の期待を裏切り続けるであろう。妻はそれでも最後まで言わせたいと、自分だけはあいさつをちゃんと繰り返すに違いない。私の心の中のくすぐったさを理解してもらうのは難しい。

人相

「私、もうじき死ぬのかしら」と旅から帰った妻の加寿子が話し出した。ある古都の美術館で加寿子はもの静かな六十歳くらいの方に呼び止められたという。友人に一寸《ちょっと》遅れて展示物を観ていた時である。「はあ」と立ち止まったら、その方は「あなた様はどういうお方ですか？」と訊ねたそうな。加寿子は一体何だろうと怪訝《けげん》な気持ちで相手を見たらしい。「いや、失礼を申し上げました。私はこの美術館の館長をやっている者ですが、不図《ふと》通りかかりまして貴女様のお顔の相があまりにも穏やかでいらっしゃるので、つい失礼をも顧みずお声をかけてしまいました」とその方は言われたそうである。「はあ、ただの主婦です」おそらく加寿子は困った顔で答えたようである。先を歩いていた友人が戻ってくると、その方は「貴女様は何か俗世から抜け出されていらっしゃるようで……失礼致しました」と一礼して去って行かれたとか。友人はしきりに「どうしたの」と訊いたらしいが、加寿子は詳しくは話さなかったらしい。あの世にいるような相に見られたことが最初の言葉になったようだ。

そう言われれば、私の周囲の人はよく加寿子の人相を褒める。私は映画のプロデューサーであるから、目鼻立ちの優れた女性は数多《あまた》見ている。そんな美人女優とは違った雰囲気が確かにある。中国の気功の先生はたどたどしい日本語で「奥さん、いい顔してる。仏様みたいよ」と言う。その先生は今でも、西洋医学が見放した加寿子の眼の病を何とか保《も》たせてくれている。私の口の悪い実母は他人の人相をくそみそに貶《けな》すという特技があったが、ある日「加寿子さんはよい人相ね」とつくづくと漏らした。近所の商店街の人たちも「奥さんはこのあたりでは光ってましたよ」と七十歳になった今でも懐かしげに言う。もっと美人の人はきっといたのだが、彼らには好ましい相だなと映じたらしい。

きっと加寿子の、誰のことも悪く言わない、人と争わない性格が相となっているのだろう。そう言われれば、加寿子の母もまた同じ性格で慈母観音のような相であった。私の父母を九十歳まで身近で十九年も面倒を見、しかも七人の小姑の絶えざる介入があっても一度も諍《いさか》いを起こさなかったのは大したもんである。おやじが死ぬ間際に私にそっと「加寿子君を見つけたのが、お前の最大の収穫やったな」と言った。親不孝な息子が両親に返せたご恩は加寿子の献身であった。

あと残された日々、加寿子の相を豊かに保ってやりたい。そして毎朝、自分の相が卑《いや》しくないか確かめている。加寿子の夫にふさわしいようにと……。

香気

最近、〝香気《こうき》〟という言葉に接することが殆《ほとん》どない。香気なんていう曖昧な言葉は、現代のような時代では使われなくなるのは仕方がないことかも知れないが、何となく日本らしい味のある言葉で私は残念に思っている。

映画においても、かつての日本映画には独特の香気があった。小津安二郎さん、溝口健二さん、木下惠介さん、成瀬巳喜男さん、豊田四郎さん、黒澤明さん、巨匠といわれる監督たちの作品にはハリウッド映画とは違った香気が感じられた。戦前のフランス映画にもそれに似たものがあったが、戦後は全くなくなってしまった。香気は何も文芸映画だけではなく、喜劇からも活劇からも感じられた。多分それは、映画の作り手たちの哲学といっては大袈裟になるが、人生観が作品の根底にあって、その揺るがぬ姿勢が映画に香気を与えたのであろう。

映画は大衆のための娯楽であることは百も承知していながら、作り手には文化でもあるのだという自負があったに違いない。日本映画がハリウッドの娯楽大作に負けはじめて製作より営業の発言が強くなりはじめてから、日本映画は香気なんていうものより、ハリウッド的なエンターテインメントを重視し、営業の理解しやすい作品が生まれ続けた。作家の思いの込められた作品は、どうしても採算性から逆算して予算的に余裕がなく、香気が生まれるまでの製作状況が与えられなくなっていった。

そんな中でも、私個人は小さな事務所を作って自らの判断で日本映画のアイデンティティを守りたく努力してみた。『螢川』『次郎物語』『死の棘』『アンネの日記』といった作品を作るにあたって、素直にその作品のテーマに向かい合い、それが観客に伝わるように製作の条件も可能な限りよくし、監督とも十分に話し合った。その甲斐あって、それらの作品は最近の日本映画の中にあっては香気を放ったと自負している。海外の映画祭においても、久しぶりに日本映画の独特な味が感じられたと評価を受けることが出来た。

然し、それらも日本映画の流れを変えることは出来ず、二年前には事務所を閉める結果となった。特に残念なのはこの十一年間の間に何度も製作にかかれそうになりながら果たせなかった『風の盆恋歌』のことである。蔵原惟繕監督にお願いし野上龍雄さんの脚本も何度かの論争を経て純度高い出来になっていたにもかかわらず、実現出来なかったのは、蔵原監督がその思いを果たせず亡くなっただけに申し訳なく痛恨の極みである。日本映画界にあの作品が原作の単なる挿絵ではなく、原作を超えた映画独自の香気を放つ名作になることを信じて賭ける人が何故いてくれなかったのか？　映画が香気を持つことの大切さを日本映画人は今こそ考えるべきと私は蔵原さんの訃報に接して改めて感じるのである。

ファンタスティック

私は映画の世界からスタートし、途中広告会社にいてまた映画の世界に戻った人間である。ですから人生の殆どが、〝創る〟という仕事に従事していたわけだ。

そんな私にとって、最近の映画界や広告業界の人々の基本的な考え方というか姿勢に疑問を感じることがある。それは彼らが自分たちの仕事をファンタスティックなものと考えないようにしていることだ。結果を考えることから出発することは企業人だから当たり前のことだが、そういった安全性の説明がつくというエクスキューズが先にある企画やプロモーションには、映画や広告の本来持つ創造性が欠如している。

もともと、映画や広告という仕事は人の心を揺り動かすことを商売の基本としている。それなのに、最近のそういった業界のリーダーシップを持つ人々は、そんなことより損得について考えることに重きをおいている。部下の育て方にもその傾向が出ている。然し、映画の観客や広告の対象となる一般の人々は、自分たちがアッと驚くほどの映画や広告をもとめている。だからこそ、そういった業界の人には一般人を超えた才能が必要とされているのだ。

表題に掲げたファンタスティックという言葉は、決して夢想的という日本語で訳されるような非現実的なものではなく、人間の心に潜む夢を引き出す創造的な仕事への回帰の提言なのである。創造を商売にしている以上、そこで働く者はファンタスティックでなくてはならない。現実だけに根ざした発想では、観客も購買層も見向きもしない。映画会社も広告会社も、現代では情報産業として、またクリエイティブな業種として持てはやされているが、実際には立派な会社になりすぎてしまった。もっともらしいマニュアル通りの説明や受け売りの理屈が並べられる者が優秀と見なされるようだ。そこからは本当のクリエイティビティは生まれない。自分の中からの意見が出てこないのだから、仕事の責任も負わないですむという逃げ道が用意されている。こういった過去の典型的なサラリーマン病の症状が今映画や広告の世界に蔓延しはじめた。この病気は既に他の生産業や金融業といったところでは、困った病気であると気付いて治療や対策が立てられているが、映画や広告の業界はこの病気にかかるのが一般より遅かったため、自分たちが更に強い病原菌に侵されていることに気付いていないようだ。その上、これらの業種の人々はエクスキューズがうまい上に軽くこなすという術にも長けている。だから病は深く内部に入り込み、不治となりそうになっている。ファンタスティックということは悪いことではなく、この病の特効薬になることに先輩として気付いて貰いたいと願っている。

玄人

よく「あいつは素人だ」とか「流石、玄人だ」とか言うが、映画の世界でも何かと「素人が何を言うか」といった形で意見を退けることがある。

然し、私は映画の世界、特にプロデュースの仕事をする人の中で玄人を自認する人を信じることが出来ない。普通、玄人といえばはっきり色がついている人が想像される。素人はその名のように素であって、無色の感じがする。従って、玄人と称する人は自分の色を出すことを当然考えている。世間もそういった色のついた意見を、尤《もっと》もだと思う傾向がある。職人の世界では、確かにプロとして確かな技法があってこそ玄人として通用している。それが、映画のプロデューサーの場合は違うと私は言い切りたい。多くの映画を手がけてきて経験豊かなプロデューサーは多くの場合自分のそれまでの経験に基づく発言をする。それは、確かにある意味では役立つ面も持つであろうが、「の様なもの」を作ることに繋がる恐れがある。

私は、映画のプロデューサーは、いつも新しい企画に立ち向かい、時には真っ白に自分を置き直すという作業を自然に行わねばならないと思う。玄人という色を抜いて白になることが出来る人が本当のプロだと言える。真っ白なカンバスにしてから、これから作ろうとする作品に相対せるかが大切である。これまでの経験や知識は一まず置いて、白い状態で企画に立ち向かうことこそがプロデューサーの最も大切な姿勢である。どんな企画も自分の今までの引き出しに当てはめて考えず、いつも新しいものとして怖がりながら、それでいてワクワクする気持ちで対処すべきと考える。

映画がかつて大谷竹次郎さんが言われたように「先にお金を払って思い出だけしか持って帰さない」という娯楽である以上、作り手には作る怖さと同時に大きな動機が自分自身になくてはならない。近年の日本映画の衰退の大きな理由である作り手側の甘い考え方は、そういった怖れなんかを忘れてマニュアルに則ったような作り方をしてきたことによる。

そろそろ日本映画は、所謂「玄人」と称したり「玄人」と見なされている人からオサラバして、白に返れる本当のプロの手に戻さねばならなくなっている。ハリウッドに負けるのは単に資力の差だけではない、発想の原点における生き生きとした好奇心の差こそが問題ではないか。日本の映画人の顔が変に大人びて訳知り顔にならず、ガキのような輝きを持たねば日本映画に光きは戻らないのではないかと単純に判断するのである。

表切り

「裏切り」という言葉はあるが、「表切り」という言葉は使われない。それが当たり前すぎる言葉だから使われないというのならわかるが、どうやら表切りという言葉が使われないのはそれが異常だからとしか解釈出来ない。この世では裏切ることが普通であって、表切るなんてことはありえないことらしい。

こんなことをわざわざ書くのも、私が自分の人生を振り返る時、裏切ることより表切ることをし続けてきたからである。裏切るという行為は不正なことであり、人間の生き方の暗部であることは言うまでもないが、表切るという行為も裏切るの反語では決してなく、正しい生き方とは認められていない。だから表切るなんて言葉は存在しないのである。

私の年代は戦争の最中に中学三年であったため、終戦と同時に世の中の価値基準が忽《たちま》ちひっくり返った経験がある。今までの正義が許せない悪となって、それに代わって悪とされたことが堂々と正義に変わった。世の中に完全に裏切られた世代である。そのためか、いつもこの世で大きな顔をして正義面をしていることに、つい疑いの目を持ってしまう。

そんな言い訳をしながら、社会に出てからも絶対のような存在に盾突くことが習わしとなってきた。自分を裏切ることが嫌であるあまり、納得しないことには真っ向から切ってゆく癖がついてしまった。

映画という仕事が社会人としての出発点だったためか、仕事柄割と平気で思うことをぶっつけられたので、いつしか「あいつは裏切らないが表切る奴だ」ということで許されてきてしまった。そのため、広告代理店に移っても自分の事務所を持っても表切りをやり続けてしまった。家内が「切られた人の気持ちを考えなさい」と小さな声で忠告することがあるが「裏切るよりましさ。いつかはわかるさ」と反省しなかったから、最近になってひょっとして後世に悪いかも知れないとの怖れを持つことがあるが、時既に遅しである。

『四騎の会ドラマシリーズ』の時、黒澤明さんが私を誤解された際に私が一方的に一時間近くまくしたてたことがあった。勿論、関係者を皆外に出して二人きりになってである。話し終わった時に、黒澤さんは呆れた顔をなさり「わかりました」と、頭を下げてくださった。こちらも無礼な言い草をお詫びした。今も尚、表切りの癖は直らない。不治の病。ＤＮＡのせいである。

北壁に舞う

「また、映画をやることになった」

今から七年前の昭和五十三年の夏、夕食後妻にぽつんと告げた。

「大丈夫なの、博報堂で映画なんかやって」

妻が不安気に言うのも当然のことである。当時広告会社が映画を作ることなど考えられもしなかったし、私自身も昭和三十九年に松竹を辞めてから十数年、まさか再び映画製作にタッチするなど夢にも思っていなかった。

『北壁に舞う』と題した記録映画は、私にとって一旦は遠去かった映画製作の途を再び歩かせることになった極めて印象深い作品であり、運命的な作品であった。

その年の初夏、長谷川恒男と名乗る一青年が突如知人の紹介であらわれた。山岳ガイドを業《なりわい》とするこの青年の頼みは、既に彼が成しとげたマッターホルン、アイガーの両北壁の冬期単独登頂に続いて、翌年冬期に予定しているグランドジョラス北壁の単独登頂に力を貸してほしいということであった。

山についての知識など全くなく、叉私の勤務する博報堂の慎重な社風から、こういった企画はなかなか成立しにくいなと思いながら、なぜかこの青年に冷たい返事がしにくかった。

それは、彼の持つ物静かな雰囲気が山男の気負いといったものを感じさせず、彼の語る岩壁の話、自然と人間の話などが不思議な説得力を持っていたからである。

「一度、自分が岩を攀《よ》じ登るところを見てほしい」という彼の申し出を受け、翌週の日曜、三つ峠の岩場に連れて行かれた私の目に、彼の岩を登る姿は舞いを舞うかと思うほど軽やかに映じた。岩にへばりつかず、地球に垂直に、両手両足は自由に動き、垂直の岩壁を自在にこなしていく。それは名人と呼ぶにふさわしいものであった。その日から私は長谷川君とグランドジョラス北壁ウォーカー稜に向かって歩き出した。

然し、その道は北壁の登頂ルートに似て紆余曲折に満ちたものであった。私の勤務する博報堂はその当時から幅広い企画活動を行なっており、スペシャル・イベントなども数多く手がけていた。だが、一人の山男を助け、彼の目的を達成させるというような試みははじめてである。その手段は様々考えられるが、果たしてどの方法がベストルートなのかはわからない。

社内にも幾つかの意見があった。幾つかの企業に協賛金をもとめるとか、彼の手記出版を条件に大手出版社と提携する方法はないか等々、広告会社の従来の方法論に基づいたプランが考えられた。

殊《こと》に有力な考え方として、あるテレビ局と提携し開局何周年記念番組とする方法論が浮かび、その為の打ち合わせが何回となく行なわれた。企画書も出来上がり、順調に作業は進むかにみえた。だが或る日、急転この話が後退せざるを得ない状況におちいった。広告会社にとってリスクが大きすぎるといった意見が社内から出され、大勢はその意見に傾き出した。

確かに長谷川君の成功を保証出来るものはない。生命にかかわるような企画を得意先に売ることは出来ないという、もっともな意見の前に私は立往生した。そんな事はこの企画の当初からわかっていることではないか、本人が命を賭けてもやってみたい事だからこそ魅力があるのだ。二つの北壁に登頂していることに賭けるにたる値打ちがあるのだ。そして、何にも増してあの男が持っている形容しがたい雰囲気、それが私をこんなにかりたてているのだ。私の内心の声は虚しく吠えていた。


だが、私をそして我が社を信じている長谷川君に真相をはっきりとは言えない。しかも登頂の第一段階としての夏の偵察行のスケジュールは迫っていた。我が社の事情で一個人が今まで折角積み重ねてきた業績を無にするような事は出来ない。矢は既に弦を放たれているのだ。私は会社にこの企画を違った角度から展開することを説き、偵察の為の費用を開発企画費として出して貰った。

長谷川君夫妻たちがヨーロッパに発ってから私は走り廻った。彼等が帰ってくるまでに次の手を打たねばならない。

スポンサー付という事を捨てる以上、プロジェクトはそれ自体で成立するものでなければならない。私の覚悟と方法は定まっていた。

それは、この企画を劇場用記録映画として製作することであった。だが、映画を製作するといっても我が社にとっては全くはじめてのことであり、製作資金を出すに足る裏付けがなければならない。幸いなことに、私は昭和二十九年から十年間、松竹で映画製作の仕事の経験があった。その時以来のつきあいの仲間たちが映画界の各分野で活躍していた。

まず劇場の確保からと、東急レクリエーションの堀江氏を訪れ、適切なアドバイスと協力の約束を得た。東映の大内氏、松竹の星野氏も好意的な姿勢を示してくださった。これ等の興行のバックアップを背景に配給の業務をヘラルドの原氏にお願いに伺った。原氏も快くこの計画にのってくださり、古川社長、古川副社長からも励ましのお言葉をいただけた。

映画にとって配給、興行の体制が整うことは大きな要素である。私は今さらながら人の世のつきあいを有難く感じた。

その上、映画製作を定款にもたない博報堂のパートナーとして、当時『宇宙戦艦ヤマト』で大ヒットを飛ばしていた西崎義展氏のオフィス・アカデミーが製作資金の半分を負担し共同製作することも決定した。西崎氏と私は、少年時代同じ武蔵高校の門を潜《くぐ》った間柄である。

現場のプロデュースは松竹時代の仲間の島田昭彦氏に委ね、松山善三氏の監修を筆頭に優れたスタッフが集められた。特に山岳撮影の完璧を期する為、赤松、阿久津両カメラマンに加えて、吉田喜重氏の御紹介によるフランス人カメラマン、ピエール・リギャル氏とも契約した。

五十四年の一月末、長谷川君とスタッフはシャモニーに出発した。決行は二月十日頃と予定されていたが、その年のヨーロッパは何十年振りかの悪天候に見舞われ、なかなかアタックのチャンスがつかめなかった。現地からの島田プロデューサーの電話にも焦りの色が感じられた。劇映画と違って自然条件を相手にする以上仕方がないが、限られた制作費と冬期登頂の期限が三月中旬までという制約の中では焦るのもやむを得ない。

二月中旬、私は一人シャモニーに向かった。鞄の中には長谷川君やスタッフを慰めるための日本の味がつめこまれていた。特に濡れた新聞紙に包んだわさびは、スタッフを喜ばせた。私の訪問はスタッフの焦りを和らげ、長谷川君の気持ちをなごませる効果はあったようだ。

二月二十日、私が東京に戻る前日、長谷川君が私の部屋を訪ねてきた。その時の彼の話は今でも忘れられない。今の悪天候は近々好転するが、それは多分自然の誘惑であってうかうかと乗るわけには行かない。だから東京に帰って、若し自分が登頂に失敗したというニュースが入っても心配しないでほしい。

二度目にとりついた時が本番だと思ってほしい、その時は登れるような気がする。そういった内容のものであった。

数日後、東京へ戻った私のもとに、長谷川君が一旦登頂をはじめたが途中から引き返したとの情報が入った。然し私は彼の言葉を信じ、二度目に賭けていた。そして実際に彼の言葉通りであった。日本時間三月四日午後六時四十五分、彼は見事登頂に成功した。

午後七時のＮＨＫニュースを皮切りに、テレビ、ラジオが登頂成功を報じ、翌朝の新聞は大きく紙面をさき、彼に「北壁三冠王」の名称を与えた。「おめでとう、よかったな」社内外の皆さんが温かく私までも祝福してくれた。だが、その時の私は喜びと同時に不安で一杯でもあった。確かに彼は登頂に成功した。然し、ちゃんとフィルムはその彼の姿を写しとっているだろうか。登れたが映画は駄目だったではすまされない。

九万尺に及ぶラッシュが焼かれ、三台のカメラでとらえられた八日間の記録が写し出された時、試写室の中で私の目は霞んできた。劇映画のプロデューサーをしていた時にもラッシュは度々見た。然し、そこに映されたものは用意されたドラマであり、撮り直しのきく情景であった。今、目にするフィルムに映っている一人の男は、目に見えないザイルで私と結びあって命をけずって登って行くようである。

私の目には、その男の心が映っていた。

その年の六月、『北壁に舞う』は公開された。異色の記録映画として素直に評価してくださる方々も多かったが、広告会社が製作したことから商業的な意図で山の純粋さを傷つけたかの如く評する人もいた。興行的にも大成功とはいかず、協力してくださった方々の御好意に十分応えることが出来ず心残りであった。

だが、私にとって唯一の救いは、長谷川君と交した一通の契約書が無効になった事であった。それは、登頂に際し万一彼の身に不幸が生じた場合、彼にかけた生命保険の半分以上が製作会社の受け取りとなり、またそれまでのフィルムの使用も可能であるという内容であった。

会社の上層部は、そんな苛酷な契約をする必要はないと言ってくれたが、私は敢えて彼にその契約を迫った。彼も賭け、私も賭けた以上、私たちは地獄を見る覚悟でなければならない。単なる友情とか理解ではなく、そこにはビジネスとしての非情が存在すべきである。

そして、その非情さを超えてこそ信頼が成立するのであると……。

あれから七年の歳月が流れた。そして、あの『北壁に舞う』を製作して以来、私の身辺には映画の影がつきまとうようになった。会社の仕事としては、講談社に協力しての『東京裁判』のプロデュース、徳間書店との共同製作によるアニメ『風の谷のナウシカ』のコーディネイト、そして現在はフジテレビ、キネマ東京と提携の『ビルマの竪琴』のプロデュースに従事している。外にあっても東宝での『関白宣言』、松竹での『ふしぎな國・日本』の製作、脚本にタッチしている。

昭和三十九年、時の松竹社長城戸四郎氏に対し、若輩の身でプロデューサーの在り方について直言し、遂に辞表を提出、映画制作を断念してから十五年目、再び私を映画制作に引き戻す運命の糸口であった『北壁に舞う』は、「我等の生涯の最良の映画」と言い切れるかどうかは別として、どんな大作のプロデュースよりも、私にとって想い出深い作品と言えよう。

II

出会えて良かった映画界の巨人たち

序にかえて

近頃テレビのコマーシャルから昔流行った歌が聞こえてくる。「あなたに会えて本当に良かった。嬉しくて、嬉しくて、言葉にならない……」その歌詞は結ばれた男女の間での思いを語っているのだが、私の七十年を超える人生を振り返ると、多くの出会えて良かった人々の顔が思い浮かんでくる。時には憎んだり、恨んだりした人も振り返ってみれば懐かしいいし、私の人生に何らかのプラスをもたらしてくださったと思う。

私は昭和五年の生まれだから、戦争も知っているし、敗戦後の悲惨な日本も覚えている。あの頃を知っていれば、今の世の中に不満なんか言えない。物質的には驚くほど豊富だし、生活様式も完備されてきた。我々は貧しさを知っているから感謝の心を持つ。今の人は恵まれていることが当たり前だから不満が生じる。人間なんて変なものだ。

私の社会人としてのスタートは、松竹という映画会社からである。昭和二十九年（１９５４年）のことだ。当時の映画は娯楽の王者であり、映画界に入れることは羨望の的だった。私も映画に無限の可能性を感じて、銀行や商社などに見向きもせず映画を目指した。

入ってみると映画の世界は外から見るほど素晴らしい環境ではなかったが、それでも他の世界では出会えないような変人、奇人たちで満ちていた。そんな人たちと出会い、接し、鍛えられてこちらまで変人と言われるようになってしまった。

最近、様々な映画関連のパーティに出ると昔出会った人々の姿が殆ど見られない。もう鬼籍に入られたか、体調を崩されている方が大半である。映画界も近代化されて一般の会社の方々と少しも変わらない人々が大多数になっている。あの個性的な活動屋たちの面魂がいなくなって淋しい。年寄りになるとついそんな愚痴を近くの映画評論家の方や新聞や雑誌の映画担当者に漏らしてしまう。私のような人間の見聞きしてきたことも、今や貴重な思い出として、それらの人々に受け止められることがある。もうかっての活動屋の姿は映画の歴史になっているようだ。

私は松竹に十年いて飛び出し、一時は映画界の外にいたが、やがてまた戻って独自の映画作りを続けてきた。それだけに一つの会社で過ごした人より遥かに多くの人と出会っている。若い時から突っ張ってきたから、偉い人とも直接話もしたし喧嘩もした。それだけに、単なる知り合いではなく、その人の裏側近くまでも見ている。映画について語られる場合、殆どは表面に現れた記録に基づいているが、私のは自分自身の目で見て心で感じた記憶である。この年になってようやくこの記憶を残しておきたいと思い出した。

やっと、冒頭の「あなたに会えて良かった……」と言える時が来たようだ。

大谷竹次郎さん

昭和二十九年（1954年）松竹に入社した時の社長であり、歌舞伎や文楽という古典芸能の保存に大きな貢献をされた人物です。勿論、入社当時は雲の上の存在で八十歳を超えながらなお矍鑠《かくしゃく》とされ、耳に補聴器をつけてをられても頭ははっきりされており、悪口は見事に聞き逃されないという伝説がありました。やや背中を曲げられていましたが、その顔相は威厳に満ちてあたりを睥睨《へいげい》されていました。自分一代で大きな事業を築き上げた自信が漲《みなぎ》っていて、新入社員の私には眩しいくらいの存在でした。

大谷さんには既に多くの逸話が残されていますが、私の松竹在社中、直《じか》に目撃したり、お聞きしたりした思い出をここでは語り残してみます。

まず最初は、大谷さんが文化勲章を受章されたことを祝賀する会が、社員一同を集めて昔の東劇で催された時のことです。眩《まばゆ》いライトに照らされた舞台の中央にゆっくり歩んで来られた大谷さんは、立ち止まって暫《しばら》くの間を置かれてから、首に掛けられた文化勲章を右手でちょっとつまんで上げられ、「これ、頂きました。ありがとさん、ありがとさん」それだけを言われてニコッと笑みをもらされました。それだけで社員全体に大谷さんの心が伝わりました。一同はただただ祝福の拍手を送りました。それは驚くほど長い間止みません。私はどんな名優も及ばない自然体の演技に打たれました。この人は凄い人だとつくづく感じさせられました。文化勲章がこの人に授与されるのは当然であると、若造の私にも素直に納得がいきました。

それだけでは、遠くにみた大谷さんの舞台姿からの印象にすぎませんが、その後出会った幾つかの出来事は、正に大谷さんの人物像の多面性を物語ってくれました。当時の世相は労働組合が勢いをつけており、会社との賃金や労働条件に関する闘争は日常の行事でした。松竹でもそれは例外ではなく、時には労使の話し合いが決裂し、ストに突入する場合もありました。赤旗を立て赤い鉢巻きをして、組合員が社屋の入り口にピケを張り役員などの会社側を一人も入れないようにしました。時にはそのピケが歌舞伎座の封鎖という形で実行されることもありました。歌舞伎座は松竹とは別会社でしたが、松竹の中心人物である大谷竹次郎にとっては、何よりも大切で神聖な場所でした。組合の狙いもその大切な歌舞伎座を開けられないようにすることが、効果的と考えたわけです。然し、大谷さんは車を歌舞伎座の正面に乗りつけられ、取り囲んで入れまいとする組合員に平然として「ご苦労さん、ご苦労さん」と言いながら進まれます。その迫力と老齢の方に手荒なことは出来ないという躊躇がピケの真ん中に道を作りました。悠々と歌舞伎座の階段を上って姿を消される大谷さんの存在感は恐るべきものでした。おそらく組合幹部も自分たちの作戦が間違っていたことに気づいたでしょう。あの人に勝てる人はいないのです。

組合の話といえば、こんなエピソードも思い出されます。ある社員が当時としては破天荒な数百万の使い込みをし、新聞種になったことがありました。組合は社員の給与が安すぎるからそんな事件が起きるのだと会社に言いました。それに対して大谷さんは「2300人の社員全体の給料を何百円かあげるより、何年に一回不心得者が出た方が会社の出銭は少なうて済みますわ」と嘯《うそぶ》かれたということです。本当に狸親父の面目躍如です。

やがて、全盛期を誇った映画は凋落《ちょうらく》の兆しが現れました。封切れば満員続きだった劇場から急速に客足が遠のきはじめました。他のレジャー、特にテレビの普及が大きな原因とされ映画の前途は暗くなってきました。撮影所にも合理化の波が押し寄せてきました。社員にも諦めムードが漂いはじめた頃です。もう社長を城戸四郎さんに譲って会長になってをられた大谷さんが、突然撮影所で開かれる企画会議に出席したいと言ってこられました。当日は出席者全員緊張していました。いつもの企画会議より整然と議事は進みました。大谷さんは半分眠ったような姿で黙って会議が終わるまで待ってをられました。

撮影所長がこの辺でと終了を告げかかった時、大谷さんはグッと目をあけられ発言を求められました。「松竹は立派な会社になりましたな。こういった立派な大学を出た人々が集まって、色々な企画について皆で点数をつけあって決定される。間違うていないことでしょう。そやけど、映画や演劇ちゅうものは客は先に金を払うて思い出しか持って帰れんものどす。そんな平均的なものに先には金は払いません。二十人の内一人か二人が何としてもやりたい。あとの人は危ぶんでも、熱を込めてどうしても作りたい。そんな企画やないと客は先に金を払うてくれまへんのや。あんたらのやり方は誰もが自分で責任を取らんようにしてるだけです。松竹映画があかんようになってきたのは、単にテレビやなんかのせいやありまへん。あんたらのものを作る精神がなっとらんのやないですか」。老会長の舌鋒《ぜっぽう》は鋭く、一同はその堂々たる論旨に打ちのめされてしまいました。大谷さんの実体験からの諭《さと》しの言葉は、それまでの映画を惰性で作ってきた我々の姿勢を強く問うものでした。会社の経営者としての言葉ではなく、本当のプロデューサーとは、また興行師とは何かを教えてくださいました。

そんな大谷さんの話も一時的な事件として終わり、その後の松竹は大谷さんの皮肉の通り立派な会社のままに過ごしていったのですが、ある日、吉村公三郎監督を大船に復活させようというプロジェクトが起きました。吉村さんは新藤兼人さんたちと松竹を飛び出し独立プロで映画製作をされていました。かつて大船で素敵な作品を作られた吉村さんを再び迎えて、大船の沈滞したムードを少しでも変えられたらとの願いからでした。然し、気位の高い城戸社長は自らが頭を下げて吉村さんを迎えるわけにはいきません。他の大船在籍の監督たちに対しても説明がつきません。そこで、大谷さんは自分が吉村さんの作品のプロデューサーをやると言い出されました。その手しかないのです。その結果大谷さんのアシスタントにどういうわけか私が選ばれました。脚本は水木洋子さんで、題材はメリー・ウィドウを土台にしてのオリジナルシナリオ『晴れ晴れとした未亡人』です。お傍《そば》近くである期間働いてみて、大谷さんという方の気配りの物凄さに驚きました。遅筆な水木さんにタイミングよくご自分で見立てられた着物の生地を私に届けさせます。それは水木さんへの無言の催促です。水木さんは御礼の電話をかけながら、もうすぐ書き上げられると言わざるを得ません。二週間もしたら今度は先日の着物に合うと思うがと帯地を届けさせます。その時には書き上げの日にちが水木さんの口から出ます。ああ、こうやって歌舞伎の作者や役者は大谷さんの薬籠中《やくろうちゅう》の物となっていったのだと納得がいきました。一度も催促がましいセリフは大谷さんからは出ませんでしたが、脚本は予定通り上がりました。残念なことに、この企画は準備中に吉村さんが倒れられ、幻の企画となってしまいましたが、もしあのプロジェクトが実現していたらと懐かしく思い出します。八階の一番奥に会長室があり、私がそこから出て席に戻ろうとすると、廊下の外れの社長室から城戸さんが顔を出されて「ちょっと寄れ」とおっしゃって、プロジェクトの進行状況を尋ねられたのも懐かしい思い出となっています。あの、映画の父と言われて松竹のみならず日本映画を代表されていた城戸さんでも、大谷さんには直接どうなっていますかとは聞き難い面もあったのだと知った一幕でした。

本当に何十年を経ても私の心に大谷さんは巨人の残像として浮かんできます。その大きな教示があって私は今日までプロデューサーとして残れたのでしょう。

城戸四郎さん

松竹蒲田撮影所から大船撮影所にかけて世に言う「蒲田調」「大船調」の映画の生みの親であり、松竹映画だけでなく「日本映画の父」とまで謳われた巨人です。

私の昭和二十九年入社当時は、まだ戦後の追放の余波で松竹には復活されていませんでしたが、間もなく副社長として帰って来られました。長身で恰幅のよい日本人離れした堂々たる方で、しかも容貌も立派、タキシード姿の時などは見惚れるほどでした。川喜多長政さんとお二人は、日本映画人として海外の映画人に誇れる雰囲気を持ってをられました。

城戸さんの追放中、松竹の映画製作は大谷竹次郎さんのお眼鏡にかなって歌舞伎座の支配人から抜擢された高村潔さんという方が製作本部長として大船と京都の両撮影所を統括されていました。高村さんは慣れない映画製作の仕事に没頭され、戦後のある時期の不調の時代を乗り越え、木下惠介、渋谷実、大庭秀雄、などの優秀な監督陣の信任も得られて戦後の松竹映画の全盛期を築かれました。勿論、小津安二郎、原研吉といった城戸さんが育て上げた監督も十分尊重し、高村さんとうまくいっていました。城戸さんが復帰されても映画製作は既に高村さんで十分やっていける状況でした。

城戸さんは経営よりは映画製作のほうがずっと好きな方です。淋しい気持ちがあったのは事実でしょう。何とかして映画製作の実権を自分の手に取り戻したいとの願いが心の内にあるのが、誰の目にも映りました。城戸さんはお坊ちゃん育ちですから、自分の気持ちを抑えておくなんて出来ません。とうとう、美空ひばりと伴淳三郎の新しい契約の時に高村製作本部長に「こんな奴に、こんなに払うのか？　俺は認めんよ」と代表取締役として捺印を拒否されました。高村さんは「今の松竹映画は彼らでもっているんです。彼らを手放すようなことになったら製作に責任は持てません」と主張しました。「そうか、君が責任が持てないというのなら仕様がない。俺が製作をやる。君は営業をみてくれ」。と、得《え》たりやおうと城戸さんは製作の実権を高村さんから奪い返すことに成功されました。松竹はお家会社です。城戸さんは、大谷さんが曲げて自分の姻戚の養子として迎えた東大出のエリートです。誰も反対出来ません。城戸さんは久し振りに映画製作というお玩具を手に入れました。この経緯については、私が高村さんの息子と中学以来の仲間であり、高村家に出入りしていたことと、私の家内の加寿子が高村さんの秘書を務めていたことから、誰よりも具に知っているわけです。高村さんは暫く営業を担当されましたが、間もなく松竹から去られました。

城戸さんは大社長であっても書生っぽさが残っている方で、やや素直ではない物の言い方をする癖がありました。社員のある人が嬉しそうに「実はうちの倅《せがれ》が○○大に入りました」と言うと「そうか、君の息子はその程度なのか」と皮肉っぽく言われます。「そうか、よかったな、おめでとう」と言っておけば角が立たないのに、それが言えないのが城戸さんです。決して心の底から軽蔑しているのではないのに、そうとしか言えないタチなのです。今の時代でしたら問題になるような発言がしょっちゅうでした。ちょっと曲げてものを言うのが当時のエリートの癖だったようです。そんな人が城戸さん以外にも世間に沢山いらっしゃいました。だから、反省なんてするわけもありません。社員は城戸さんの前に出ると口を噤んでいるのが利口と承知しハイハイと聞いていました。

製作を担当されると城戸さんは製作本部長や撮影所長なんか無視して自ら脚本に目を通し、脚本家や監督を呼んで意見をおっしゃいました。口答えしたってしょうがないので、城戸さんの意見は皆聞いたふりをしていました。勿論、小津さんとか木下さんといった大監督はその対象ではありません。ケンカになって困る相手は避けるという知恵はおありでした。兎に角、社長業よりずっと製作に身を入れられました。あの蒲田時代から映画を手がけてこられた方ですから、映画に関する見識は大したものですし、社長という権力も持ってをられるのですから敵無しです。ただ、世の中の流れは映画をどんどん斜陽に追い込んでいましたので、城戸さんの熱い思いだけでは松竹映画は興隆してきません。

丁度そんな時代に私は大船にいて、企画助手の仕事をしていました。安い給料の上、松竹伝統のディレクターシステムの下で不満は一杯でした。不況になったので社員の採用は見合わされ、私たちの後には誰も入ってきませんので何時もバスの最後列にいる気分で将来の希望なんてあまり感じられない日々でした。そんな私たちにとって城戸さんの存在は全く困ったものに見えました。

皮肉なことに、そんな思いを抱いている私がひょんなことから城戸さんに存在を知られてしまいました。大船の企画部のすぐ横のトイレで偶然連れションをした時です。「貴様は企画を提出しないのか？」と詰《なじ》られました。「自分の企画が色々言われるなんて面白くもありませんから……」「生意気を言うな」。城戸さんは眼鏡越しにジロッと睨まれました。「自信のある企画なんて晒し者に出来ませんよ」と私が返すと、城戸さんはズボンのチャックを閉めながらニャッと笑われました。「よし、明日俺の部屋に来い。貴様の自信の企画を聞いてやる」。と所長室に入って行かれた城戸さんは、直に所長秘書に明日の何時に社長室に来いとの伝言を残して本社に帰って行かれました。

どうも私は生まれついて偉い人の前に出ても恐怖感がなかったようです。今までの人生を振り返っても、もっとあの時へり下っていればと思う時がありますが、時すでに遅しです。そんないきさつから、翌日の指定した時間に社長室をノックしました。城戸さんは社長の大きなデスクに座ってドアのところに直立している私を見て、眼鏡を置いて立ち上がりデスクの前の応接セットの方に来られました。「まあ、座れや」と、城戸さんは自分の椅子の真向かいの椅子を顎で示されました。目が意外に優しく微笑みさえ浮かべていらっしゃいました。「貴君は『集金旅行』のシノプシスを書いたんだってな」。今日は貴様から貴君に昇格です。城戸さんはちゃんと私のことを調べていたようです。私が正月映画の企画を出して採用されたことなども知ってをられました。その日の話の内容がどうだったかは具には思い出せませんが、私の持つ不満をせせら笑いながらも、まあ穏やかに聞いてくださったと記憶します。城戸さんが上着を脱いで、チョッキの上のポケットというか切れ目に両手の親指を入れてふんぞり返っていらっしゃったのが、大社長の独特のポーズなんだと感じました。最初の面接はどうやら無事に終わりました。

暫く経って私は本社企画のデスクに異動させられました。製作本部長をされていた白井専務のところに上がってくる企画を整理・説明し決裁をしてもらう役目です。白井専務は大谷竹次郎さんと双子で松竹の創始者であった白井松次郎さんの次男です。因みに、松竹という社名は白井さんの松と大谷さんの竹からつけられたのです。白井さんは、大阪で演劇を担当されていたのを無理矢理映画製作にもってこられたので、当惑気味でした。何しろ城戸さんが上にいらっしゃるのですから、思う存分動くことは出来ません。本来なら大谷さんの長男の隆三さんが製作本部長になるべく大船や京都の撮影所長を歴任されてきたのですが、城戸さんの重圧に負けてしまい体調を損ねてしまわれたのです。大船の所長室に呼ばれていきますとテーブルの上の灰皿の中に数十本のマッチが折られていました。心の鬱屈がよくわかりました。城戸さんのそんな圧力にやられないために、白井さんは極力城戸さんを避ける戦法をとられました。従って、城戸さんに企画の説明に行く役は私に押しつけられました。

こうして私はやがて松竹を去る道に追い込まれました。何度も社長室に通うにつれ、城戸さんと話す機会が増えます。私の性分として多少抑えたつもりでも、つい自分の意見が生の形で出てしまいます。城戸さんに「麒麟《きりん》も老いては駑馬《どば》と言います。社長の蒲田や大船時代のフレッシュだった感覚も今の時代では通用しません」と言った時など、恐ろしい形相で「何を言うか！　俺はまだ老いぼれてなんかいないぞ。日々新しい空気に触れてリフレッシュしておる。若いお前たちなんかに負けんぞ」と怒鳴られました。

実は城戸さんは私の父と同じ明治二十七年生まれです。しかも私の父と城戸さんは、父が三高の投手で城戸さんが一高の一塁手でライバルだったのです。城戸さんはそのことをその時は御存じでなかったのですが、私は父が日頃「新しい時代をひらくためには新しい人に任せるべきだ」と言っていたのと比較していました。父は戦前、内務官僚である程度の地位までいっていましたが、昭和十八年に時の東条英機首相に反対の意見を表明し知事の職を辞して浪人となりました。

近衛文麿さんや内務省の先輩たちが、東条が父を戦地に追いやることを防いで東亜研究所の常務理事という役につけて終戦までかばってくださいました。戦後、アメリカの御達しで、戦時中に要職にあった人間はすべて公職追放の処置を受けました。父もその追放の対象になりましたが、戦時中の事件を知っている吉田茂さんやその側近の方たちが、総司令部に追放解除の願いを出すからとわざわざ疎開先に父を訪ねて見えました。でも父はそのご厚意を受けませんでした。「私にはこの国の敗戦に至るまでの過程に罪があります。マッカーサーに許されても、自分で許せないところがあるのです」。遂に父は八十九歳で死ぬまで栄職に戻ることはありませんでした。そんな父が私が松竹に入ることになったと聞いた時、「喜多村（城戸さんの旧姓）か、あいつは目立ちたがりでな、一高・三高戦の時に京都駅からグラウンドまでリヤカーの上に乗って太鼓を叩いて来よった」。父は詳しくは言いませんでしたが、戦前松竹が父の後輩の内務官僚を使い捨て同然の目に合わせたことから松竹に好感は持っていなかったようです。そんな父の気持ちや身の処し方と目の前の城戸さんとのギャップが、私にそんな無礼なことを言わせたのでしょう。

城戸さんは、高言されるように気分はまだまだ若い方ですし意欲は十分すぎるほどです。社長でありながら、遂に自分のオリジナルシナリオを書き、それを映画化すると言い出されました。『背中を掻いてちょうだいな』という題名です。城戸さんにはその着想がすごくエロっぽく観客のスケベ心をそそると思われたようです。当時のヒルトンホテル、今のキャピタル東急に部屋をとられ、そこでシナリオの執筆です。社長の重大な責務よりその方が重要と考えてをられ、秘書課は決裁の判を何時頂けるか気を揉む毎日でした。

そんなおかしな社長でしたが、それでも映画製作に対する姿勢は立派なところがありました。持論の、脚本こそは映画の基本ということをきちんと守られていました。その点では、前の製作本部長の高村さんも同じでした。勿論、脚本に対する意見にはお二人には差がありました。城戸さんは長い経験から玄人っぽい見方をされ、カメラワークについて質問されたり、セリフのやりとりなども細かくチェックされましたが、高村さんは寧ろ素人の立場というか観客がどう受け止めるかをズバリ指摘されました。最高責任者の意見が早く出ることは、その企画のGOかSTOPかが早く決まって製作の流れがスムーズにいきます。GOとなった企画は準備が直ぐ出来、それがよい結果に繋がります。お二人以外の製作本部長が、出来上がった脚本をなかなか読まず、デスクの上に置いたままにしてある状況を見てきた私には、流石と感心させられるものがありました。

ある日、新しい脚本が書き上がったので、その旨城戸さんに報告しました。もう夜になっていました。「明日の朝、七時半に自宅に届けてくれんか。門の横の潜り戸を開けておくから、そのまま玄関に来てくれ」との指令です。やむを得ません、眠いのを我慢して早朝家を出ました。茗荷谷から三分くらいで城戸邸です。おっしゃる通り、呼び鈴を押さず玄関の戸を開けました。すると既にそこに城戸さんが立ってをられました。和服で心なしか懐が膨らんでいます。恐縮しながら応接間に入り、脚本をお渡ししました。城戸さんは「家内たちはまだやすんでいるのでな」とおっしゃりながらストーブの上のやかんから急須にお湯を注がれお茶を出してくださり、懐から「昨日、俺が買っておいたんだ」と照れ臭そうに笑いながらかりん糖の袋を取り出されました。旧制高校のバンカラ気分そのままです。「どうかね、君は読んだんだろ」「はい、でも社長がお読みになる前に意見は申し上げられません」「うん、そうか。ご苦労だったな。それでは、九時半に出社するまでに読んでおくから、本屋（脚本家）や監督には午後来るよう連絡しておいてくれ」。城戸さんはご自分で門のところまで送ってくださいます。最敬礼しますと「君を送りに来たんじゃない。鍵を閉めに来たんだ」。城戸さんの目は優しく温かく、私の帰りの足どりは軽くなりました。

丁度その頃、白井本部長のところに「にんじんくらぶ」(かつて存在した映画制作プロダクション)の若槻繁さんから企画が持ち込まれました。まだ新進の脚本家だった石森史郎さんが脚色された、呉の造船所で働く若者を題材にしたものでした。若槻さんは監督に吉田喜重を起用してはと提案されました。吉田さんは木下組の助監督時代からの親しい間柄で、デビュー作以来、企画の当初から相談に乗っていた人です。我が家に週に二回は現れて飲んだり麻雀をしていました。カメラマンの成島東一郎君や助監督の前田陽一君たちも一緒です。この企画を吉田さんと一緒にやることで、製作本部のデスクから逃れることが出来ると思いました。そうでないと、必ず近い将来、城戸さんと大きな争いをしてしまうと予感していたのです。白井さんにお願いして、その企画を吉田さんと実現するために大船に帰して貰いました。その企画は、石森さんには申し訳なかったのですが、企画の狙いも変え、脚本も全く別のものにしました。それが『嵐を呼ぶ十八人』という作品です。手に負えない若い臨時工たちが主人公の早川保を苦しめる話で、十八人は皆公募で選んだ素人たちです。小品ですが、不思議な味の作品になりました。香山美子が新人デビューしたことも記憶しています。城戸さんも吉田さんが東大出だからか結構気に入ってくださり、試写後「若いやつらの気持ちがわかるぜ」と理解を示されました。ひょっとすると、俺だって若い人間がわかるんだとのポーズだったのかも知れません。

そして次の作品が、私と城戸さんの間に決定的な溝を作った、そしてその後の私の人生の道をも変えた『日本脱出』でした。また、それに重なって『国民の眼』事件と『されどわれらが日々』の問題も起きました。『国民の眼』という企画は、当時マスコミが大騒ぎした連続殺人鬼西口彰が、熊本の少女の目は欺けず遂に逮捕されたという実話を映画化しようとした企画です。城戸さんにとっては、それは社会的な美談であり、大衆に大いに受けるはずの企画でした。戦前でしたらそうだったのでしょうが、新しい時代のマスコミは松竹の時流に乗った企画に水を差してきました。犯人の西口の子供だっているのだ、その子たちの心が痛めつけられると、反対の論陣を張りました。「悪いやつを庇う必要があるか」と城戸さんは強がりますが、時代には勝てません。この企画は、小林正樹さんのチーフ助監督をしていた稲垣公一さん(後にペンネームを俊に変えられました)の第一回監督作品で、私がプロデューサーを担当していました。よい脚本も出来ていましたが強行してもマスコミに叩かれるのは目に見えています。城戸さんは自分で言い出した企画ですから、中止しようとは絶対に言われません。止めなさいと進言する役なんて皆ごめんです。結局、「貴君の判断に任せる」と言われ、プロデューサーが弱気になって止めたがっているので中止にするという決着になりました。

流石に城戸さんも、稲垣さんのデビューを傷つけたことは気になったのでしょう。直ちに、稲垣さんの次の企画を考えるよう命じられました。そして我々が見つけてきたのが、当時まだ同人誌『象』に掲載されただけの無名の作品でした。城戸さんは、『されどわれらが日々』という題名と学生の恋愛物語と聞いて読まずにOKされました。ところが、その後この作品は、『文学界』に掲載されただけでなく、芥川賞を受賞しました。城戸さんは大変に満足気でした。「君、映画の方が先に発掘したなんて快事ではないか」。全くそうですが、当時の電話の状況から、フランクフルトに留学中の柴田翔さんに原作をくださいとお願いするのだけでも大変だったのです。全く様子が飲み込めない柴田さんに映画化したいのだという我々の願いがわかって頂け、同人誌の編集長に委任する旨のお答えを頂いてから芥川賞まではアッという間でした。柴田翔というお名前だけしか知らない私がご本人にお目にかかれたのは、麻布の国際文化会館で受賞を祝う会が開かれた時でした。編集長に紹介された瞬間、私はハッとしました。見た顔なんです。そして柴田翔という名が別の記憶に繋がりました。

「あなたは碧の?」「そうです、弟です」。何と、私が訪ね回った柴田翔氏は、私の高等学校時代の仲間の柴田碧の弟だったのです。話はだいぶ城戸さんから外れましたが、そんな奇遇も嬉しく『されどわれらが日々』の脚本作りは着々と進んでいきました。併行して『日本脱出』の脚本も固まり出していました。充実した時間でした。やっとプロデューサーらしい仕事に取り組めると張り切っていました。

そんなある日、城戸さんからお呼びがかかりました。明るく社長室に入ると、そこには苦虫を噛み潰したような顔の城戸さんがいます。「こんな赤の話を、よくもわしを騙したな！」。城戸さんは、どうやら評判が高いので『されどわれらが日々』の原作を読まれたらしいのです。城戸さんにはあの原作のロマンがわからないのです。ただ、主人公たちの学生運動が赤と決めつける根拠でした。問答無用という気配です。私は何故この原作が今の時代に受け入れられるのかを冷静に話しました。然し、城戸さんが一度持った先入観は消えるわけもありません。それでも、脚本が出来るまでは結論を急がないようお願いしました。城戸さんは黙ってをられましたが、承諾と受け止めて私も社長室を黙礼して去りました。

この企画は、この後述べますような事件で私が松竹を去った後、他のプロデューサーが担当して実現を図ったのですが、結局流れてしまいました。そして稲垣さんも松竹から去りました。立派な才能も運に恵まれないと監督として開花出来ず、稲垣さんはその後は脚本家の道を進まれました。そして数年後、『されどわれらが日々』が東宝で映画化されることになりました。原作者は東宝に『されどわれらが日々』という原題名をタイトルにすることを承知されませんでした。私どもの作った脚本だけにしかその題名を使わせないご意向だったようです。松竹を介して脚本を東宝に譲渡するかの打診がありました。稲垣さんと私は自分たちが果たせなかった夢を他の人に委ねることは出来ず、お断りしました。今でも私と稲垣さんはこのシナリオをそっと保存しています。わが子の遺骨のように……。

一方、『日本脱出』の方は、オリンピックのマラソン競技に紛れての若者の脱出ドラマで、通俗を装いながら吉田喜重一流の難解なドラマです。脚本作りに私も色々意見を言いましたが、どうもラストに至るシークエンスで意見が合いません。第一稿を印刷する段階で城戸さんに私の意見を十分申し上げ、城戸さんから吉田さんに直すよう指示して頂きたいとお願いしました。「わかった」とおっしゃりながら、城戸さんは吉田さんと話している内に吉田さんに同調してしまわれました。「困ります。このままでは作品が出来上がった時に観客が理解出来ません」と吉田さんが帰った後に抗議しましたが、「いや、心配ないぜ。吉田はあいつなりによく考えている」と取り合ってくださいません。決定稿に至るまで、その議論は城戸さんと私の間で続きました。あまりのしつこさに辟易された城戸さんは、ある日「君、わしは社長だ。これを押すのはわしだ」と社長印を見せて私を黙らせようとされました。「オールマイティを直ぐ出すのは卑怯です」。城戸さんは冷たく笑います。こちらの腹は煮えくりかえります。「私は城戸さんの代わりとしてプロデューサーの仕事をしているのです。私は真剣に作品がよくなるように言っているのです」。私は悔しさを込めて社長室を出ました。

次に社長室を訪ねた私は、城戸さんに対する言葉を用意していました。「先日、社長は社長印を出されて私に自分に従うべきだとおっしゃいました。社員である以上、それ以上は何も申し上げられません。でも、今日は社員としてではなく株主として申し上げます」。私は城戸さんへの対抗策として、なけなしの金をはたいて松竹の株を千株買い、名義書き替えを済ませました。「何！　貴様が株を買った」「松竹は既に何期にもわたって無配を続けています。その社長に株主の一人として申し上げます」。城戸さんは席を立ってデスクの電話をとり、株式課に確認されました。「貴様という奴は」。城戸さんは私に部屋を出ていくよう指示されます。「もう、貴様の顔なんか見たくない」。とうとう決裂の時が来ました。

やがて『日本脱出』の初号試写がありました。城戸さんは、観終わると不機嫌な顔でラストの部分をカットするか直すよう指示されました。それは正に私が脚本の段階で指摘した箇所でした。吉田さんは頭を抱えました。私はカットの作業をしないように言って、城戸さんのお部屋に久し振りに入りました。城戸さんは私の言い分がわかってをられました。だからこそ、断固した態度で言われました。「指示した通りに直ぐ作業しなさい」。私は覚悟を決めて言いました。「はじめに私が申し上げたことが正しかったと認めてください」「脚本の問題で言っているのではない。演出の不備だからだ」。城戸さんは絶対に自らの非を認めようとはされません。「私はプロデューサーの立場から今の状況で吉田君に切れとは言えません。このご指示は社長命令なんですね」。暫く睨みあっていました。「そうだ」。

私は黙って去り、吉田さんとどう処理するかの善後策を考えました。そうして、なんとか形をつけて仕上げました。

最終的な仕上げの方針を報告した私は、用意していた辞表を城戸さんにお渡ししました。「色々失礼いたしました。私はプロデューサーとして自分の職責が果たせない以上、辞めさせて頂くしかありません。日付が先になっていますのは、吉田君の結婚披露宴までは事を荒立てたくないからです」。城戸さんは黙って私の辞表を見てをられました。いたたまれず、私は目礼して部屋を出ました。膝がガクガクしていました。

その夜、妻に辞表を出したことを告げました。「あなたがあんなに好きな映画を諦めるの」。私を支えて共稼ぎをしながら、多くの助監督やスタッフを連日の如く自宅に迎え、飯を作り酒を飲ませ、ある時には質屋にも走った妻には私の悔しさが理解出来ました。夜を徹して涙を流しながら話し合いました。「これからは余生さ。今までの安月給からオサラバして……」強がってみても涙は止まりません。

十数日後、城戸さんから呼び出しがありました。社長室に入るとソファに座るよう言われました。最初に社長室に呼ばれた時と同じ位置です。「貴君の辞表を先日の役員会で皆に見せた。皆のところを回って黙ってわしに戻って来た。そういう会社だ。これは受け取ることにした。ご苦労だった」。私は無言で頷きました。「君は若い。新しい出発をしてくれ」城戸さんは立ち上がり、私に手を差し出されました。「これからも松竹を忘れんでくれ」。城戸さんの目は今まで一番優しく、その手は温かく私を包んでくれていました。

私は辞めて映画から離れました。やがて大手広告代理店に入り、テレビやイベントの企画に従事するようになりました。だが、不思議に城戸さんとゴルフ場で出会う機会が何度かありました。それも、トイレで出会うのです。「いよう、元気でやっているか」。短い会話の中で私はつい松竹や映画についての自分なりの感想や意見を述べてしまいます。今は主従ではなく気楽に、そして懐かしさも込めてしゃべれます。城戸さんも楽な姿勢で立ち話に身を入れて聞いてくださいます。

そんな会話が、ある時には具体的な施策になったりもします。人づてに城戸さんから御礼の言葉を頂いたこともありました。遠くで見ているとやはり城戸さんは愛すべき人であり、また偉大な人でもありました。

城戸さんの訃報を聞いた時、それがパーティから帰られて庭のバラを見てをられた時と知ってホッとしました。よい亡くなり方と思いました。

城戸さんが長い間病で寝込み気弱になっていかれるなど想像したくもありませんでした。きっとあのタキシード姿のままだったのでしょう。日本映画の父と言われた方の最期にふさわしいラストシーンです。

ご葬儀の日。不肖の弟子は一般の方に混じってお見送りしました。思い出が蘇ります。

「君、映画はね、大衆という奴に（城戸さんは昔の方ですから、観客のことを大衆とか庶民と呼んでをられました）ベッタリおもねってはいかんのだ。大衆が一寸背伸びするくらいの作り方をせんと、大衆は満足しねえんだ。これは鉄則だぜ」

「イズム、そう主義なんかで映画を作っちゃいかんよ。わしは決してヒューマニズムなんて小さい視点で企画を採用しないんだ。松竹映画はすべてヒューマニティに基づいているんだ」

あの、チョッキの切れ目に両手の親指を突っ込んで、昂然と話されていました。

本当に松竹という変な会社でなければ、平社員の私が社長の城戸さんとあんなに濃い時間を持つことはできなかったでしょう。それは、私の人生を左右しましたが、振り返れば糧でした。

松竹の宣伝部長のMさんからお電話があったのは、城戸さんのご葬儀から間もない頃でした。「実はおたくに（私の勤務する広告代理店）、今度の『寅さん』の扱いを差し上げようと思っています……」これは大事件です。それまで松竹の広告の大半を扱っていた最大手の代理店にとっては面子にもかかわり、担当者の責任問題にまで発展することです。案の定、松竹幹部のお宅にその代理店が直訴に赴きました。でもMさんは頑としてその方針を貫こうとされます。ご自分の地位にまで影響しかねません。私はMさんに無理をなさらないでくださいと申し入れしました。両代理店でお互いが傷つかない処理方法があることもお話ししました。Mさんは静かに私に言われました「これは、城戸さんから言われたことなんです。絶対に君には言わないようにと言われていたのですが、こんな騒ぎになったので君にだけ知って貰います。収拾はこれからします」。その後、円満に事態は解決出来ました。

最後まで城戸さんはどこかで私のことを認め、そして気にし、それでいながらそのことを明かすなんてことは絶対に出来ない、そうです、蒲田、大船と連綿と受け継がれて来たヒューマニティ・ドラマを貫かれたのです。腹の立つ人でした。傲慢な人でした。でも、誇り高き映画人として貫いた人でした。

木下恵介さん

最近の若い人、それも映画ファンの中でも木下さんのことを知らない人がいますが、私が松竹に入社した昭和二十九年には『二十四の瞳』を発表され日本中の人々に涙と感動を与えた大監督でした。東宝の黒澤さんと双璧で、東西の横綱の位置にありました。黒澤さんの剛に対して木下さんは柔と、対照的な作風でした。演出の巧みさでは全く群を抜いた存在で、黒澤さんも「木下さんは天才ですよ」と認められていました。

私はその天才の頂点の時代に、大船で間近に接することが出来ました。小柄でしたが颯爽と助監督たちを引き連れて撮影所を闊歩されていました。大柄な小津さんがゆったりと歩いて来られる貫禄と対照的な、バリバリの現役の自信が漲っていました。大船の主戦投手か四番打者といった存在でした。作品として優れているだけでなく、興行的にも大ヒット作が連なり、松竹にとってはなくてはならない存在でした。

私は木下さんの作品には、『楢山節考』と『風花』の二本しか企画助手としてついていません。その頃、木下さんのような大監督の企画助手には決まった人がいて、他の助手がつくことは滅多にない状況でした。小津組には樋口君、渋谷組には清水君、そして木下組には脇田君が常連でした。私が上記二本についたのは脇田君が一時進行部に移っていたからだったと思いますが、或いは木下さんが時に何か気に障ることがあると突然スタッフを変える傾向があったので、脇田君が外された時の臨時だったのかも知れません。

『楢山節考』につけとプロデューサーから言われた時に気難しい監督につくのなんて憂鬱だと、あまり嬉しくなかったことだけは覚えています。大船は伝統的にディレクターシステムのところで、監督の威力は絶大でプロデューサーなんてサーバントのように監督のご機嫌をうかがっている状態ですから、助手なんて虫ケラのようなものです。助監督はじめ、スタッフも企画助手に何の敬意も払ってくれません。『楢山節考』における私の役割の最も大きい部分は、何とカラスの管理でした。御存じのように『楢山節考』は姥捨《うばす》ての話です。そのラストで気の弱い息子を演じる高橋貞二が母の田中絹代を背負ってお山へ行く道中に死の世界を暗示するカラスが骨をつついているシーンがあります。このカラスは人間に馴れたカラスでなければなりません。今みたいにCGなんてなかった時代ですから、一般の方の協力を得ようということになりました。一番よい方法として、当時最も売れていた『週刊新潮』の伝言版に木下さんの名前で募集しようということになりました。文案を作って、木下さんのOKを頂いて掲載しました。反響は直ぐありまして、全国から馴れたカラスの情報がもたらされました。その中から東京近辺のカラスを十二羽選び出し、一軒一軒お訪ねしお借りしてくることになりました。その役割が、恐れていた通り私になりました。後に〝寅さん〟で有名になった柴又が最も遠い場所でした。住所を頼りに探し回り、やっと見つけたお宅で挨拶をすませると、持参の鳥籠にその家の馴れたカラスを入れて風呂敷を被せて持ち帰ります。カラスは輸送中には不安で騒ぎ立てます。電車の中でジロジロ見られます。それが十二回も続くのです。つくづく嫌になりました。あの頃映画界は皆の憧れの職場でしたし、自分も映画に夢を持っていただけに腹が立ってなりません。しかも、撮影所の人間はこっちの惨めさを寧ろからかって笑うのです。木下さんは「あ、そう。ご苦労さん」と声をかけてくださいますが、別にカラスを面接するわけでもなく虚しさのみが募ります。その上、本来ならこういった借り物は小道具の所管となるのですが、借りてきたのは生き物ですから若し死ぬようなことがあったら責任は持てないからと、馴れたカラスの扱いは企画部、すなわち私の責任分野とされてしまいました。プロデューサーは自分が面倒を見るわけではないので平気です。しかも撮影の日までまだ日数が暫くあります。企画部のそばで飼ってみますと、やたらうるさい上に匂いもひどくどうにかしてくれと言われます。遂に自宅に持ち帰り、アパートのベランダで面倒を見る決心をしました。結婚したての共働きの妻にも迷惑そうな顔をされますし、ご近所にもカラスの騒ぎ声は聞こえてしまいます。

やっと本番の日が来ました。大きな鳥籠二つに分けて早朝運びました。撮影所から車を出してくれるわけでもなく、両手で下げて横須賀線に乗りました。網棚の上ではカラスが人の気も知らず騒ぎます。身の縮まる思いでした。やっと撮影所の門を潜った時には、疲れよりも怒りで一杯でした。でも、ここで爆発しては今までの忍耐は無になります。何とか無事に撮影が終わればと、祈るような気持ちでした。

ステージに木下さんが現れ、ようやくカラスどもに謁見を賜りました。「荒木君、大丈夫ね」と私に言われますが、カラスの保証なんか出来ません。曖昧《あいまい》に笑っているしかありません。早速、カラスが骨をつついている芝居をするように、撮影所近くの松尾食堂の若菜さんにお願いして魚のすり身を用意します。それを小道具の骨に付着させればカラスがつつく筈です。テストが何回か行なわれ、カラスの配置も決まりました。何とかカラスは骨をつつく動作をやりそうでした。「じゃあ、本番いきます」ライトが一斉に点けられます。「ヨーイ、ハイ」カメラは回りはじめます。「駄目、カット」「ねえ、荒木君。このカラス、僕の方を見て骨をつつかないわよ」と木下さんの詰る声。スタッフの誰一人として取りなしてくれません。カラスの身になってごらんなさい。突然ライトが点いて、そこで大きな声がかかるのです。木下さんを見るのは当たり前です。なにしろカラスにはギャラを払ってないのですから、カラスの勝手でしょう。でも、スタッフの目は私に何とかしろと言っています。しばらくライトにカラスを馴らして貰いました。やっと「テスト」の声です。こっちとしては直ちに本番にして貰いたいのですが、撮影の手順は変えてはくれません。今度はカラスが餌に飽きてしまって骨をうまくつついてくれません。カラスの配置を何度か変えてやっとテストなしの本番です。「ヨーイ、ハイ」の声も動作だけにしてもらって、高橋貞二が田中絹代を背負って何度目かの登場です。「ハイ、ＯＫ」の声を聞いた時は虚脱状態でした。カラスどもを鳥籠に分けて入れながら涙が出そうでした。木下さんも流石に哀れと思われたのでしょう「よかったよ、ご苦労さま」と声をかけてくださいましたが、そんなのは慰めにもなりません。それどころか、ラッシュが上がってくるまであと数日はカラスをキープしておいてくれとの注文が製作部から来ます。今なら直ぐにモニターで結果が見られますが、当時は数日は待たねばなりません。暫くラッシュでＯＫが出るまで、また我が家のベランダでカラスの世話です。幸いにして撮り直しにはならず、やっとカラスから解放されるかと思いました。然し、そうは問屋が卸しません。借りてきたのと同じ手順でお返しに上がらねばなりません。やっとお届けしても、「あら、これはうちのタロウではないわよ」と言われます。カラスの区別なんてこっちにはつきません。細かい特徴をお聞きして再度の訪問です。首尾よくカラスが鳥籠から出てスタスタとこっちに挨拶もなくその家の廊下を走り去った時には、怒りが安堵に変わりました。人間が出来てきたのです。貸してくださった中には、もううちにはいらないから適当に処分してくださいと言われる方もいます。処分と言われても困ってしまいます。殺すなんて出来ません。彼らは戦友なのです。憎くても情は移っています。周辺に声をかけて貰ってくださる方を探しました。先日、昔の仲間と話していたら、当時美術の助手だった森田さんもカラスの引き取り手だったことがわかりました。見るに見かねて私を助けてくださったようです。

話は木下さんから飛びましたが、こんな珍妙な事件があったお陰か、木下さんからはそれ以降は「元気？」などとお声をかけてくださることが多くなりました。また助監督の面々とも親しくなりました。やはり、映画の現場の仕事の評価を結構スタッフはしているのです。こちらが馬鹿馬鹿しいと思いながらも必死になってカラスと取り組んでいるのを見ながら、最後までやり抜くかハラハラしていてくれたのです。

『楢山節考』は、歌舞伎の様式を取り入れた作風で原作者の深沢七郎さんのお気には入らなかったようですが、木下さんの涙を誘う演出と主役の名演が評判になりヒットしました。然し私には、その内容よりラスト近くのカラスの方が今でも気になって楽しめない作品です。私にとっては木下作品は常に驚異の宝庫でしたから、『楢山節考』のような型に拘《こだわ》った作品より『カルメン故郷に帰る』や『野菊の如き君なりき』、『喜びも悲しみも幾歳月』等の木下さんの才気が十分に発揮された作品が鮮烈な思い出となっています。

木下さんは、脚本は口述筆記でお気に入りの助監督がその役を務めます。吉田喜重さんや山田太一さんも辻堂の木下邸に何日か詰めっきりで、木下さんが淀みなく語るのを筆記したそうです。吉田さんからお聞きした話では、木下さんは脚本を話しながら既にその頭の中では映画を撮っているかのようだったそうです。だから木下さんの脚本は簡潔でした。余計なト書もなく、シーンの飛び方なども論理的な流れを超えて映画の話法でした。会社の製作担当役員などの頭では、出来上がりがわかるような本ではありません。昨今の映画会社の方やテレビ局の方なら、書き込みが足りないなどと言われるタイプの本です。然し、実績が、誰にも批判を許さないだけの説得力を持っていました。

おそらく、木下さんには発想が溢れるように湧いてくる時代があったのでしょう。それは誰よりも木下さん自身が感じていらっしゃったのでしょう。今のこの時を逃しては満足出来る映画が出来ない。全盛期の木下さんは、コンコンと湧き出る泉を汲み続けるように年に少なくとも二本の作品を生み出されました。あの時代の木下さんの脚本は、今の映画を志す人にとって映画の話し方を知るのに大きな示唆を与えると思いますが、果たしてその脚本を読み取るだけの力があるかと疑問も感じます。近年評判になった中国映画『初恋のきた道』を観た時にそこに木下さんの技法を感じました。中国の監督がまさかと思いますが、あの作品には『野菊の如き君なりき』の話法が生かされていたと私は感じました。木下さんは、ごく普通の話を映画としての話法で素敵に語り感動させます。ある時には説明なしに主人公が動きます。それがやがて観客の心にある予感を与えます、そしてそれが突然爆発して大きな感動をもたらします。映画は観客を作り手の描く世界に上手に連れ込むことです。観客はその世界に入るために入場料を払うわけです。映画が大谷竹次郎さんの言われたように、先にお金を払って思い出しか持って帰れないものとして成立するのは正にそこにあるのだと思います。

木下さんは、やや女性的なやさしい話し方をなさる方でした。世間の評判も女性的な感覚ということで受け止められていましたが、実際はスパッとした男性的な判断をなさる方でした。逡巡などなくいつも自信をもって言い切ってをられました。それは、峻烈な批評となって弟子たちの作品に浴びせかけられることもありました。然し、そんな場面は必ず内々の時だけでした。弟子のデビュー作品の初号試写の時、木下さんは必ず試写を一緒に御覧になります。観終わって直ぐに木下さんはその監督に「良かったよ」とニコヤカに言われます。勿論、その場には撮影所長が、時には製作本部長もいます。試写後は撮影所長室で会社側と新人監督との面談が行なわれます。然し、木下さんのお墨付きがあったのですから合格するのは当然です。木下さんは松尾食堂で待ってをられます。ホッとした顔で新人監督が入って来ます。「君、あれは何よ。あんな撮り方ありませんよ」さっきのお褒めの言葉はどこへやら、厳しい指摘が続きます。それは実に具体的で的確なものです。新人監督はもう神妙に聞くのみです。言い返すことなど絶対に出来ないほどの仮借もない空気です。木下教室はこうして栄えて広がっていきました。大船で木下さんくらい弟子を次々と監督に育て上げた方はいません。小林正樹、松山善三、川頭義郎、大槻義一、吉田喜重と続くメンバーは、日本映画にそれぞれの足跡を残されています。小津さんの助監督から殆ど監督が生まれなかったのとは対照的なことです。小津さんの助監督は、偉大な監督にお仕えしていました。それは尊敬という以上の宗教にも似たものでした。小津さんの作品に接しているだけで満足でした。小津さんも弟子たちを監督に昇進させるための政治的な動きなど絶対に考えない人です。木下さんはご自分が島津保次郎さんのお弟子さんだったこともあってか、後進の道を考えてあげることも先輩の務めと思ってをられたのでしょう。それとも次々と助監督を新陳代謝することでご自分の活力とされたのでしょうか。ただ、確かなことは、弟子たちの誰も自分を超えてはいかないという自信があったに違いありません。天才は自分だけだと、ご自分が一番認めていらっしゃったのだと思います。

『風花』という作品の時でした。長野のロケに私も参加していました。木下さんは信州がお好きで、多くの作品が舞台となっていました。冬のロケでしたから晴れた日が多く、撮影は捗《はかど》るはずですが、木下さんは「今日は止めよう」とお休みにして悠々と麻雀をされます。晴れていすぎて雲がないから絵にならないとのことです。今の映画界では考えられないことですが、完成する映画は一つしかありません。自分の美意識に沿わないものは作れないというわがままが許された時代でした。だから映画の隅々まで行き届いた仕上がりとなり、それが無意識に観客に映画の素晴らしさを感じさせ、映画から自分の人生に何かをもたらすものを感じさせたのでしょう。映画が商売である以上、エンターテインメントであることは当然ですが、文化として存在するためにはエンターテインメント＋αの要素がなければと考えるのは私が古いのでしょうか。ハリウッドだって、そういう哲学がどこかにあってエンターテインメントを作っているから、世界制覇出来たのではないかと思います。

話はまた逸れましたが、『風花』のロケに戻ります。ようやく雲が出てロケは早朝から始まりました。昔の監督はわがままで粘ってばかりいたようですが、実は撮りはじめると早いのです。映画の裏の裏まで知っているので早撮りなんてわけないのです。小津さんだって「実は俺は早撮りさせれば出来るんだぜ」と漏らされていたそうです。木下さんも次々とシーンをこなしていかれます。企画助手なんてロケ現場では何の役にも立ちません。都会の現場ですと人除けを手伝ったりしますが、長野の川っぷちでは見学しているだけです。土手を主役の有馬稲子や久我美子が歩くシーンが次の撮影です。私はここで、木下さんが〝シャンピ移動〟と大船で呼んでいた、あのイヴ・シャンピが『忘れえぬ慕情』の撮影の時に使った直角に移動するレールを使うに違いないと思いました。トラックに近寄って、シャンピ移動の機材を降ろしておくようにと言いました。間もなく木下さんが、「じゃあ、ここはシャンピ移動にしましょう」とトラックの方に声をかけたらもう準備されています。木下さんの目が光りました。「誰、余計なことをしたのは？」。天才は先回りは大嫌いでした。その夜、助監督の吉田喜重さんが私の部屋にやって来ました。言いにくそうに「実は、帰って直ぐのセットで久我さんの踊りのシーンがあるので、明日帰って花柳さんと相談して舞い扇を選んでおいてください」。明らかに木下さんからの追放令です。「あの生意気な子、帰して頂だい」と木下さんが命じたのが目に浮かびました。こっちもロケは飽き飽きしていたのでさっさと退散しました。木下さんを怒らせたのが一寸愉快でしたが、プロデューサーが知ったら謝りに行けと言うだろうなと憂鬱にもなりました。

やがてロケ隊は大船に帰って来ました。セット撮影が始まりました。何食わぬ顔でセットに顔を出しました。スタッフの方がビビッていました。また木下さんの機嫌が悪くなるのではと心配顔です。セットに入って来た木下さんは、私の顔を見るとケロッと「荒木君、どうしてたの。ロケから帰っちゃって遊んでたんでしょ」と言われます。こっちもただ笑っているだけです。木下さんの木下さんたる由縁です。鮮やかなシナリオでした。

私が松竹を辞めた頃には、木下さんは既に『木下惠介劇場』というテレビシリーズをＴＢＳで持ってをられ、映画への情熱は薄れていらっしゃいました。博報堂がバックアップしてのテレビ進出で、木下プロの事務所も博報堂内にありました。映画時代から木下さんは資産を増やす術に長けてをられ、演出料を土地の購入に回されたりしていたのでテレビでの毎週の収入は更に資産増大に役立ちました。港区の狸穴《まみあな》に二か所マンションを買われ、更にハワイにもコンドミニアムを購入されました。映画監督という職業はお金と無縁という世間の通念からかけ離れたリッチさでした。

昭和四十一年の夏、私は昔の仲間の紹介で博報堂の途中入社の試験を受けることになりました。自分たちのプロダクションが立ち行かなくなっての再就職です。仲間から木下さんの推薦という形をとることが入社に有利と言われました。その年、日本は不況でしたから途中入社は厳しい状況だったのです。木下プロには昔松竹の宣伝部にいた上岡さんがいましたので、木下さんに取り次ぎをお願いしました。木下さんはあっさりと引き受けてくださいました。「君は城戸さんとケンカして辞表叩き付けたんだってね」。木下さんはどうも城戸さんを好きではなかったようで、敵と戦ったから味方と思われたのでしょう。

木下さんの推薦のお陰で何とか博報堂に入社出来ましたが、木下さんのテレビのお仕事のお手伝いは避けたいと思っていました。既に博報堂には木下さんを自分の切り札にして仕事をしている人が何人もいました。今更、そんな中で競い合う気持ちにはなれません。博報堂に入ったのは全く生活の為で、映画を離れた以上三十五歳ではあっても余生を送る心境でした。そして、それに見合うだけの給料が保証されていました。安月給で有名だった松竹時代の三倍以上でした。家内の顔にも安堵の色が浮かびました。

ご紹介の御礼に伺いたいと木下さんにお伝えしたところ、辻堂の自宅へとのことでした。上岡さんと二人で伺うと木下さんは庭にテーブルを出され、夕方の心地よい風を風情に美味しいお料理が次々と運ばれてきます。木下さんは食べ物についてもうるさく、お手伝いにはお料理の上手な方を雇われていました。お酒もお好きで、その夜はご機嫌でした。しきりに「君は〝こわい人〟だから」とおっしゃられましたが、木下さんの〝こわい〟という意味はどうやら強いというか情が〝こわい〟という意味のようでした。城戸さんにも服従しないし、木下さんのところにも擦り寄ってはこない。いつも距離をおいていて可愛気がないということと思えました。私は、プロデューサーを志してから常に仕事をする相手とは距離をおくようにしてきました。親しくなりすぎて馴れ合うことを嫌ったのです。映画の仕事は人間関係が大切です。だからこそ近づきすぎるとお互いに甘えが出てきます。監督にも脚本家にも俳優にも距離をおくことで客観的な判断が下せます。情が優先しないで理が優先しないと、長くの期間、よい関係を保てません。映画人は人好きの集まりです。ともすれば、〝お前と俺の仲じゃないか〟が出てきます。ましてや繊細な木下さんのような方に近づきすぎると、よい時はよくても一旦誤解が生じたりしたら逆鱗に触れます。絶対に程よい距離をおいていようと思いました。幸い、私の立場ではそれが可能です。年賀状は欠かさず自筆で出す。どこかでお目にかかったらキチンとご挨拶はする。そんな関係を保ち続けました。

ただ、一度だけその距離が近くならざるを得ない時が来ました。『四騎の会』のテレビシリーズの時です。『四騎の会』というのは、映画界の衰退を嘆いて四人の巨匠、黒澤明、木下惠介、市川崑、小林正樹が集まって作った会です。はじめは黒澤さんと木下さんの間の「何とかしないと日本映画が駄目になる」という会話から、四人の監督が結束して動くことで日本映画界に一石を投じようということになったのです。事務所を黒澤プロのあった赤坂プリンスの旧館において、事務担当に木下プロから前述の上岡さんが派遣されました。第一作を、山本周五郎の『町奉行日記』を原作に更にエンターテインメント度とスケールを加えて『どら平太』という題名の時代劇と決めました。企画されたのは黒澤さんですが、脚本は四人が共同で書くことになりました。マスコミは大きく報じました。四人の監督は打ち揃って箱根の宿に籠もりました。黒澤さんはいつも四人から五人の共同脚本ですから、この方式でうまくいく筈でしたが、結果は駄目でした。黒澤さんの場合は、ご自分が絶対の決定者で他の脚本家は協力者の立場です。然し、四人は全員監督です。黒澤さんだって遠慮はあります。それに四人の作風は全く違います。四すくみの形で殆どまとまらずに東京に引き揚げて来られました。月五万円の会費では、この脚本執筆の経費など賄うことは不可能です。黒澤さんと木下さんが当面立て替えられたようです。木下さんはリッチですからそのくらいの出費は平気ですが、黒澤さんは例の『トラ・

トラ・トラ！』の件もあってプロダクションの維持も大変な状況でした。それでも黒澤さんは、権威にかけても費用を負担することにされます。木下さんは状況をよく見てをられましたので、黒澤さんに別の方向で『四騎の会』を維持しないとと、率直に電話されました。数日後、黒澤さんから木下さんに、電話で「あなたはテレビで成功しているので、あなたの力でテレビドラマを四人で別々に受け持ったシリーズをやってみよう」との提案がありました。木下さんは言下に「あなたはテレビは無理よ」と断られました。木下さんは見通しの早い方です。他の二人に相談するまでもなく危険を察知されていたのです。ところが、黒澤さんは木下さんから無理よと決めつけられたので、却ってムキになられました。「私が言い出したことです。私は責任を持ってやります。木下さんに迷惑はかけません」。とうとう、狸穴の木下さんのマンションを訪問されました。木下さんは最後には情の人です。「黒澤さんがそこまで言うのなら一緒にやりましょう」と握手をし、杯を交わされました。『四騎の会』を作ったのは、その構想に日本映画のどこかの会社が乗って来るのではという底の狙いがあったのでしょうが、黒澤さんは札付きの扱いにくい監督です。火傷を負いたくない各社の首脳は敬遠の四球を選んだわけです。もうその時代には、永田雅一さんのようなバクチ打ちはいなかったのです。テレビだってサラリーマンの集まりです。黒澤さんに魅力を感じてもそれを御するなんてことは不可能と知っています。辛うじて電通が黒澤プロに『馬』のドキュメンタリーを発注していましたが、それも博報堂の木下プロの成功に対する対抗策でした。

木下さんのマンションに四人が集まり、テレビシリーズが議題となりました。誰もが黒澤さんのテレビドラマが果たして可能なのかという疑問を抱いていました。特に小林さんはテレビには関心がないどころか、内心反発されていました。木下さんは、今度は黒澤さんの弁護人というか後見人の立場です。「僕に黒澤君は約束したんですから、信用してあげましょう」。中学のクラス会のような空気で『四騎の会ドラマシリーズ』は木下さんの主導で実現に向かうという決定がなされました。四人はその場で確認の印を捺されました。

木下さんの頼るところは博報堂です。あそこなら断ることはない。その通りです。博報堂にとって木下さんは商売の柱であると同時に社のイメージを高める存在です。怖さを知らない首脳部はよいお話を頂いたと喜んで受け入れることになりました。

「引き受けてくださるなら、担当に荒木君をつけてください」。木下さんは条件を出されました。事前に私には何の話もなしにです。きっと上岡さんの提言があった時に木下さんは私に事前に話せば断固として断られると考えていらっしゃったのでしょう。「君はこわい人だから」と以前おっしゃったように、私のガンコさを知ってをられたので、断られては面子が立たないし、黒澤さんのような難物はあいつのような怖いもの知らずに任せるしかないと思われたのでしょう。私が小林さんとも親しいことは御存じだったので、二人の難物を私に押し付けてしまおうとの企みが上岡さんとの間で練られたに違いありません。

会社の首脳部は「君にやり甲斐のある仕事が来た。光栄なことだ」と無責任な言葉で私に下ろしてきました。サラリーマンである以上、拒否は出来ません。まして木下さんの頼みだと言われれば逃げられません。狸穴の木下さんのマンションをお訪ねしました。「大変なことを頼んでゴメンね」と木下さん。大変だとご本人が知ってのことですから、文句も言えません。上岡さんはニヤッと笑って手を合わせています。折角、博報堂で余生を送ろうとしていた私の生活設計はこの時点で消えてしまいました。

赤坂プリンスの事務所に四人の監督が集まり基本の打ち合わせが始まりました。木下さんからは博報堂に、『四騎の会』に今ある赤字が一掃出来るような仕組みを考えてほしいとの現実的な要望がまずありました。それが他の監督たちにとってもこのプロジェクトの本当の目的であるから、協力するべきであるとの木下さんの意思表示であったのです。その会議では、一番黒澤さんが張り切ってをられました。意欲満々であるところを示され、木下さんの実現への尽力に応えることを述べられました。小林さんは終始黙ってをられましたが、空気としては全員一致して、それぞれの分担を果たすことが合意されました。ドラマシリーズの順番も、黒澤さんが一番バッターを引き受けると言われて、それがセールス上も有り難いので是非そうして頂きたいと私も賛成しました。「テレビは約束事は守らないと駄目なんですよ。あなたのペースで間に合うの？」と木下さんが危惧されましたが、黒澤さんは胸を叩かれて「もう企画の腹案もあるんだ」と自信を示されます。「そりゃあ、黒さんに先頭を切って貰えればいい」と市川さんも賛成し、小林さんも頷きました。一番黒澤、二番市川、三番小林、四番木下の打順を決めて、散会となりました。

赤坂プリンスの旧館にピッタリの、黒のクラシックなジャガーが玄関で待っています。黒澤さんご自慢の車です。なぜか序列があるかのように、まず黒澤さんが出発です。ところが、黒澤さんが後部座席に悠然と腰掛けられたのにエンジンがかかりません。どうも老朽化していて肝心な時にエンストする癖があるようです。慌てて運転手さんが表に出てクランクを持ち出して車の先端の穴に通して力をこめて回転させます。何回かの試みの後、ようやくエンジンは唸りを発します。改めて頭を下げてお見送りです。黒澤さんは目礼を返して去って行かれました。その頃には、もう木下さんは業を煮やして「ボク、先に行きます」と後ろで待っていたご自分の車でサヨナラです。先行きを暗示する一幕でした。しかも、それから間もなく木下さんは白のジャガーの新車を購入されたのです。

その後の混乱はすべてをぶちまけることが出来ないようなものでしたし、別に黒澤さんのことを書く時に述べたいと思いますが、木下さんの直感は間違っていなかったことが証明されました。黒澤さんは、無声映画時代に観られたアメリカ映画『地獄花』、たしか原題は『ヘリオトロープ』という作品を翻案して、サスペンスに満ちたホームドラマを取り上げると提案され、その内容の面白さはきっと黒澤さんの本領が発揮されるものと一同が賛成しました。早速脚本作りに入ると御殿場の別荘に籠もられましたが、そこからは一向に進みません。その頃、黒澤さんは『トラ・トラ・トラ！』の件の後遺症で相当に神経が参ってをられたようで、睡眠薬を手放せない状況でした。大変気分が高揚されているかと思うと次に鬱の状況が来ます。ですから、脚本も書いては破ることが続き進みません。一番バッターが決まっていることで焦りがますます悪い状況を生じます。それでも自分で言い出されたことなので順番を変えてほしいとは絶対に言い出されません。御殿場に連日伺っていた私にはその辺の空気がよく見えました。上岡さんにお願いして三人の監督に打順変更の要ありと伝えてもらいました。木下さんはやはりと思われたでしょうが、現実的な処理として自分が一番バッターを引き受けることが最も妥当な解決法と考えられました。黒澤さんを四番に回して、二番小林、三番市川と打順変更を決意されました。木下さんは黒澤さんに、自分のわがままがこういうことになったのだということをはっきり認識し、皆に感謝して仕事を完遂してほしいと強く伝えられたようです。

然し、結果は御存じのように黒澤さんの出来事が起こり、『四騎の会ドラマシリーズ』は一騎、それも最重要な一騎が脱落した結果となりました。この事件が起きるや、木下さんは直ちに行動に移されました。まず、博報堂に翌朝お出かけになり、黒澤さんの件を四騎を代表して詫びられました。後の処置として黒澤さんの持ち分は自分が責任を持って果たすことも約束されました。木下さんは、それらの処置は黒澤さんの為などとは少しも考えていませんでした。世間の常識の許す範囲で、自分と『四騎の会』が最大限の誠意を示すべきとの木下さんの人生観から発せられたものです。もう、その時には黒澤さんに同情するような甘い気持ちは持っていらっしゃいません。木下さんの厳しさは、あんなに黒澤さんの為にと思ってやったことを裏切った行為を許しません。おそらく、あの件以後、お二人の間には何の交流もなかったと思います。

　こうして、私の静かな余生の願いを絶った仕事は製作段階としては一応終わりましたが、後始末はまだまだ大変でした。何しろ売り物の一人が欠けたのですからスポンサーや局に対する対応は困難な点が多々ありました。

　四人の大監督の仕事ということで注文など何も聞いてもらえなかったテレビ局は、急に何をやっているんだと怒ります。スポンサーとしても報道で事態は理解出来ても騙されたという感は否めません。博報堂といっても私の所属していた第二本部という営業単位が責任を負ってそのドラマ枠を買い切っていたので、本部長はじめ幹部は鎮静化に大童です。現場の状況は私しかわからないので判断の根拠もありません。代理店の宿命で誰も責任を取りたくありません。その上、金銭的な損失が出ることも覚悟せねばなりません。博報堂としては、不始末を起こしたのは『四騎の会』だから、製作費の一部返還をお願いしたらという声も当然出ます。しかし、私はこの際、金銭的な補償を求めるのは止めるべきだと言いました。木下さんの性格からいって、博報堂からそういった話が出たら別の動きを決心されるかも知れません。博報堂全体にとってそれは得策ではなく、却って第二本部の責任を大きくすると考えました。

　私は、幹部が木下さんのところにお願いに行くというアポイントを取ることを断りました。直接に幹部が木下さんに電話しましたが、もうこのことは話したくないと切られました。私が予めその内容を木下さんに通報したのではと疑われましたが、感の鋭い木下さんは用件を察知されていたと思います。もし、ここで『四騎の会』が補償することになったら、それは木下さんに払えと言うことと同じです。やっとドラマシリーズをやることで『四騎の会』の借金の解決の目処がついたのに、黒澤さんのために自分がこれ以上背負い込むなんて真っ平と考えられたに違いありません。

しかし、そんな中でも、木下さんは私がそのことで辞表を出したりして責任を負うことが起きないかについては心配してくださいました。上岡さんを通じて、絶対にそんなことをしないよう、また、私に不利な問題が起きそうなら必ず言ってくるようおっしゃってくださいました。第二本部の幹部は、私の処分を目立たない形でするために本社の企画部門への異動ということで言ってきました。身分も待遇もそのままで横滑りの形です。私は自分から降格してほしいと申し出ました。そうしないと自分が納得出来ない気持ちでした。会社は困りました。「穏便に処理しようとするのに何でだ」。先輩たちが説得に来られます。経過がどうであれ、会社に損をさせる方策を取らせた以上、私にはその責任があって当然です。

私はやがて企画部の一般事務職になって転部しました。一寸収入は落ちますが、入社の時に考えていた余生が静かに送れることになるかも知れないと思いました。

転部して暫くして、和光から小さな包みが届きました。差出人に木下惠介とあります。開けると私には恐縮する程の額の商品券が入っています。上岡さんの配慮かと思って問い合わせますが違うと言います。木下さんのところに電話しました。「こんなにご配慮くださって恐縮です」

と言うと、「君には随分迷惑かけてしまったわね。何か気に入ったものでもパッと買ってオシャレしなさい」。あっさり言われることで却って胸が熱くなりました。

その後はまた前に戻って、いつもある距離をおいて木下さんとの関係は続きました。どこかで出会った時には「元気ですか?」とか「どうしているの?」とか声をかけてくださいますし、年賀状の交換もずっと続きました。

長い時間が経過しました。誰かから木下さんの具合がよくないとの話が入りました。それでもお見舞いに行くのを躊躇していました。病んで惨めな姿を私程度の距離の人間に見せたくない筈と思いました。その予想通りでした。脚本家の田向正健さんから「こんなキタナイ姿見せたくない」と見舞いを断ってをられることを知りました。

最後にお姿を拝見したのは、小林正樹さんのお通夜の始まる直前でした。車椅子に乗って木下さんは人目を避けていらっしゃいました。小林さんの奥様だけにお悔やみを言われてから小林さんと最後の対面をされたのを遠くで拝見しました。「正樹」としぼるような声が微かに聞こえました。早々に帰っていかれるのを、目礼してお見送りしました。衰えていらっしゃいました。とても暗いお顔でした。胸が潰れる思いでした。もう、あの大船での颯爽たる面影はありませんでした。

木下さんのご葬儀は築地の本願寺で行なわれました。かつて木下さんがエースとして支えていた松竹の本社の間近です。葬儀終了後、かつてのスタッフたちを誘って松竹本社の一階の喫茶で木下さんの思い出話に時間を忘れて浸りました。

誰もが木下さんを最高の演出家と認めていました。弔辞で山田太一さんが堂々と言われたように、木下さんの凄さ、素晴らしさが必ず見直される時が来ることを私も心から祈っています。天才に出会えた幸せは生涯消えることはありません。

小林正樹さん

小林さんとの長いお付き合いの始まりは、昭和三十五年夏『人間の條件 第三・四部』の北海道ロケからです。それまでも、大船で時折お見かけしたことはありますが、日本人離れした風貌と人を近づけ難い雰囲気があってお話ししたことはありませんでした。木下さんの一番のお弟子さんという存在で、事実、木下さんの妹さんの楠田芳子さんの脚本の『この広い空のどこかに』という佳作を作っていらっしゃったのですが、ご自身としては木下さんの線からは外れてもっと強い作品をと願ってをられたのでしょうか、『壁あつき部屋』とか『黒い河』といった問題作に向かってをられました。特に『壁あつき部屋』は、巣鴨の戦犯を扱った作品で脚本は安部公房でしたが、会社にとっては作品内容が占領下の当時では怖く感じられ、長く公開を延期されていました。小林さんは会社に強く公開を迫られ社会的な話題にもなっていましたので、あの監督は難物との評判は既に高く、そのためにか作品本数も少なく大船に姿を見せられることは滅多にありませんでした。私よりは寧ろ、家内の加寿子の方が当時製作本部長をされていました高村潔さんの秘書をしていた関係で、小林さんが何度も高村さんに公開の要請をされに来られた時に、時間待ちの間にしきりに苦しい心境を漏らされたことを覚えていると思います。勿論、その頃は秘書の職分を守って私にも会社で起こったことは何も言いませんでしたから、その事実も私は、長い時間の経過後に小林さんが我が家に麻雀を打ちに来られた時の思い出話で知ったわけです。道理で小林さんが、私の家内が高村さんの秘書の小林加寿子（奇しくも小林さんと同名）と知った時、しげしげと私の顔を眺め「ふーん、君がね」と意外そうに言われたのを思い出します。

『人間の條件』は小林さんが「にんじんくらぶ」の若槻繁さんを通して企画を松竹に出されたもので、原作は大ベストセラーでしかも長編、映画化するのは大事と松竹は受け止めました。当然、原作の力は大ヒットを予想させるものがありますが、小林さんだから製作費が枠内に収まるかは疑問です。「やりたいが怖い」が正直なところだったのでしょう。遂に人間プロダクションという会社を作り、松竹とは別の組織が請け負って作る方針にしました。六部作で二部ずつ製作し、三回に分けて公開する方針が決まりました。三年間にわたる大プロジェクトです。第一部・二部は秋田の小坂鉱山をロケ地の中心にして行なわれ、見事な出来栄えで公開されるや観客は劇場に殺到しました。作品の評価も高く大成功でした。ただ、当初から予想されたように製作費は大きく予算を上回りました。このままでは新しく作った人間プロダクションは潰れてしまいます。松竹は第一部・二部の大成功を見て、三部以降は直接自社製作することに方向転換しました。人間プロダクションの面倒をみるより、この際引き取った方が怪我が少ないと判断したのでしょう。

そんなわけで、昭和三十五年に入って『人間の條件　第三・四部』は大船で準備が開始されました。製作のトップに大船撮影所長の細谷辰雄さんが立たれ、製作補として陸士出身の小梶正治プロデューサーが決まりました。いずれの方も小林さんと親交が深く、人間関係で少しは小林さんを抑えられると思ったのでしょう。不運にも企画助手の役が私に回ってきました。小梶さんとは木下作品他何本かで助手をしたことがありますが、何しろ陸士出身なので命令口調が抜けません。「おい、荒木！　〇〇をしとけ！」と怒鳴ります。こっちは生意気では人後に落ちません。「戦争はとっくに終わっています。呼び捨てにされるなんて真っ平です」と家に帰ってしまいます。小梶さんが、表面のゴツさとは違って至って気の弱い人であることは承知しています。「あの野郎」と私の後ろ姿に毒づいても時間が経てば不安になるに違いありません。助手に見限られたなんて噂が立ったらみっともない話です。案の定、その夜に小梶さんの奥様から電話です。「あの小梶が気にしてますのよ、明日大船に出て来てくださいね」。優しく美しい小梶夫人のお声にはこちらも素直にならざるを得ません。遂に、何だか召集令状を受け取った気分で『人間の條件　第三・四部』の企画助手になりました。チーフ助監督はこの作品から稲垣公一さんです。小林さんの信頼が一番あった人で、幼年学校から戦後再び高校に戻った経歴の東大出の秀才です。ベレー帽をかぶっていかにもインテリで文化性が高いことを示しているようでした。

当初、セット撮影の時には殆ど口を利きませんでした。小林さんの重苦しい雰囲気を稲垣さんが背負って無理難題を言う感じがしていました。小梶さんに対してもあまり敬意を払わないのですから、助手の私なんかは眼中になく使用人のように命じればいいという態度でした。

夏になって北海道の長期ロケが始まりました。戦車をはじめ自衛隊の応援が絶対の条件ですから、まず小梶さんが自衛隊の協力依頼のために現地に飛びます。私もお供せねばなりません。まだ、当時の自衛隊の幹部はすべて旧軍隊の出身です。小梶さんの陸士出身の経歴が役立ちます。「おう、お前は○期だってな」「はっ、○期であります」。基本的な支援体制を決めたところで、小梶さんは役を私に振ります。「今後の細かい部分はこの荒木君が担当します」。自衛隊の広報から荒沢一尉といういかにも貧乏くじを引きそうなタイプの方が担当として派遣されました。いよいよ本隊がロケに旅立って来ます。スタッフはエキストラを含めると百二十人以上、荷物は鉄道貨車で十二両という途方もない大部隊です。しかも、日程は三か月近い長期にわたります。日頃はロケにつくのなんか大嫌いな私ですが、この時だけは逃げられません。何しろ自衛隊の荒沢一尉は私の傍から離れずにいますし、稲垣さんの、企画部なんて役に立つわけはないという姿勢にも反発して、荒木を無視してこのロケは出来ないことを思い知らせてやろうと決心しました。最初の打ち合わせの時、小馬鹿にしたような稲垣さんに言い切りました。「注文はすべて私を通してください。作品全体の責任を負うのは企画部ですから」。稲垣さんは驚いたような顔をしましたが、それが筋ですから承知しました。この生意気な奴に出来るわけはないという表情でした。小林さんは廊下のチェアに座りながら成り行きを見ていました。稲垣さんの気持ちと多分同じだったに違いありません。会社なんて、無理解で無責任で監督の思いや現場の意欲なんかわかるわけはないというのが日頃の気持ちです。

ロケが始まると、それは大変でした。ロケ現場は地の果てのような人跡稀なところです。満州の想定ですから当たり前です。宿屋も殆どなく、民家にお願いしての分宿です。ロケ現場まではバスで相当な時間がかかります。そんな物理的な要因に加えて、小林さんの要求は状況など斟酌《しんしゃく》しないものばかりです。毎日早朝出発で夜明けの空狙いです。然し、何日通っても撮影は行なわれません。満州の、羊が連なったような雲が出ないからです。毎朝、スタッフの朝飯のために大きな釜で現場で米を炊きます。早朝出発で朝飯抜きですから、撮影の断念が決まったら直ぐ握り飯を配ります。味噌汁も温めてあります。いつ果てるとも知れない日々でした。眠さを堪えているスタッフを元気づけるために、新人ではじめて映画出演していた佐藤慶さんが行き帰りのバスの中で素敵な美声で三橋美智也の「夕焼け空がマッカッカ……」を歌ってくれます。それも虚しさを増すばかりです。はじめは歌を聞いていたスタッフも眠さに負けて寝てしまう始末です。ようやく撮影が終わった時には、ホッとするなんて気持ちよりバカヤローと叫びたい気持ちでした。その朝の雲が撮影初日に出ていた雲と差があったとは思われないというのが多くのスタッフの実感でした。それだけ粘っても、思い通りの画を撮るのが小林さんの流儀です。野火のシーンでも仲代達矢さんは火傷しかかったり、沼地に落っこちたりと命がけですが、小林さんは納得いくまでテストを繰り返します。小林さんの綽名《あだな》が「鬼」とつけられたのも当然です。ご本人も「鬼」と呼ばれることを寧ろ誇りに思ってをられるようでした。しかも、カメラマンは宮島義勇さんです。こちらも「宮島天皇」と綽名されるワンマン・カメラマンです。共産党員でフリーの立場でしたから松竹は起用に反対ですが、小林さんからのたってのお願いでの登場です。スタッフはピリピリします。なにしろ風貌は厳しく、ズボンのお尻には手ぬぐいがぶら下がっています。口調は全く軍隊の上官のそれで、有無を言わさぬ命令調です。「鬼」と「天皇」のコンビに出会ったスタッフは災難です。それでも、「天皇」の技術を盗んで来いと大船はカメラの助手に秘蔵の若手の川又昴さんをつけました。黙々と川又さんは「天皇」にお仕えされていました。あのご苦労が次の時代を背負う名カメラマンの誕生に繋がったのだと、今私は解釈していますが、ご本人はどうでしょうか？

私は生来、そういった威張った人の前に出てもあまり怖がらない癖があります。小林さんが「明日のエキストラは五百人要る」と稲垣さんに言い、それが私のところに依頼となって来ても直ぐには受け付けません。「ここは村民全部合わせても五百人、それも子供も老人も含めてです。第一このシーンに実際五百人必要ですか、頭でそれくらい要ると思っただけではないのですか？　二百五十人で十分だと思いますが」。小林さんは苦虫を噛み潰したような顔で言われます。「君はこっちの言うことに従えばいいんです」「納得出来ない無駄な努力はしたくありません」。稲垣さんが事態のこれ以上の悪化を怖れて間に割って入ります。もうその頃は私の存在抜きではロケがスムーズに行かないほどに、私は仕事を背負っていました。宮島さんも「あいつは誰だ？」と私を認め出し、時にはからかいの言葉をかけられるまでになっていました。戦場の場面のための工事の発注、自衛隊の人員や戦車、機関銃、小銃、飛行機までもの借用、その上発砲した小銃の手入れまで、何一つ手を抜くことなくやりました。ロケマネの田尻さんは小津組の常連で、「市長」という綽名がついている風格のある大人ですから、あまり目茶苦茶なお願いは出し難く、私はロケマネの分野までお手伝いしました。当時田尻さんの助手としてついていたのが今は俳優座の代表をしている古賀伸雄さんで、まだ早稲田の学生でした。兎に角、朝から深夜まで駆け回っていましたが、若かったのと全責任を負っているという気持ちの高ぶりが支えてくれていました。それでも、そんな忙しさの中でも、ドボンというバクチをやったり、東京から家内に電話を掛けさせて中央競馬の馬券を買わせたりする余裕もありました。小林さんもバクチは大好きです。いつの間にか、小林さんも私に対する見方を変えてきました。

ロケの合間には「奥さんに手紙書いていますか?」とか「馬券買わせたりして、駄目ですよ」などと冗談まで言われます。「こんなにダラダラとロケしてたら、冬まで帰れそうにありませんよ。結婚記念日どころじゃありませんよ」「いつなの?」「十月十三日」「それは無理ですね」。小林さんはサディスティックに笑います。やはり「鬼」です。

七月のはじめにポーラという生地の夏服を着て出発した私でしたが、ロケの終わる十月の半ばすぎにはもう北海道は雪がちらつく日もありました。ロケ終了の見通しが立った十月十一日に、稲垣さんから「明日の飛行機で帰っていいよ。小林さんもOKしてるよ」と言われました。

その頃のロケで飛行機を使っていいなんて特別待遇です。よっぽどのことがなければ企画助手の身分で許されることではありません。飛び上がる程の喜びでした。家内に電話して、帰りの便名を知らせました。三か月以上の強制重労働からの解放です。スタッフも羨むより祝福してくれました。皆が私のクソ頑張りを評価してくれていたのです。ご褒美は当然と思ってくれたのでしょう。

羽田には家内と新東宝に勤めていた大西さんが迎えに来ていました。その頃は、飛行機での旅は出発の見送りと到着の出迎えは常識でした。大西さんは出迎えと同時に私と共同で執筆していた『少年ジェット』の打ち合わせも兼ねていました。何しろ安月給の松竹でしたから、助手の時代はアルバイトで稼がないとテレビも買えません。幸いに大映の先輩の香取擁史さんがテレビ部に転じられ、新しい企画として準備された『少年ジェット』のストーリー作りに密かに参加してくれないかとの依頼が私と大西さんにあり、それが実現となると脚本も書いてほしいということになりました。画は『赤胴鈴之助』の武内つなよしさんです。ストーリーは我々の作ったものですが、身分を隠しての作業ですから雑誌連載は武内さんの名前だけになりました。脚本の方は香取さんの権限の範囲です。紺野八郎というペンネームをつけました。こころは〝コノヤロウ〟です。このアルバイトのお陰で我が家にはテレビが入りました。今の天皇と美智子様の結婚に間に合いました。その臨時収入は本当に有り難く、松竹にいては考えられない額のお札を数えることが出来ました。

『人間の条件』の助手につくことは、その収入を途絶えさすことになります。私には全く困った事態でした。その上に『少年ジェット』は人気番組となり、視聴率は38％を超えていました。私がロケから帰って次の脚本を直ぐ書かねばならない状況でした。夢中でロケで張り切っていた間、香取さんと大西さんはハラハラして待っていたのでした。

話は横道に逸れてしまいましたが、本題に戻ります。家内と家について迎えの膳についた時、家内から明日が我々の結婚記念日だと嬉しそうに言われました。一瞬ハッとしました。この突然の帰京は小林さんの企みだったと知りました。「鬼」が黙って「仏」になったのです。

『人間の条件　第三・四部』は翌昭和三十六年の正月作品でした。二日初日です。それなのに暮も差し迫っているのに仕上がりません。撮影は上がっているのですが、ダビングの段階で作業は遅々として進みません。小林さんの粘りだけでなく、この作品で録音技師に抜擢された西崎英雄さんが小林さんに輪をかけた完全主義者の上、自分の意見をハッキリ言えないタチなので、どこが気にいらないのかがわかりません。むっつり屋が二人揃ったのですから堪ったものではありません。作業は当時首相官邸の裏にあったアオイスタジオで行なわれていました。大船の古びて設備の悪いダビングルームでは駄目だと、例の通り小林さんが強く主張してのはじめての外部スタジオでの仕上げです。小林さんさえもが苛立って西崎さんにどこが気に入らないのかと廊下のソファで聞き出そうとします。怒り顔です。西崎さんは「うーん、それが…」と口籠もります。「はっきりしてください。君は本当にグズなんだから」。小林さんが人をグズ呼ばわりするなんて不思議なことです。ようやく仕上がったのは十二月三十日の朝でした。早速、ネガが東洋現像所（今のイマジカ）に運ばれます。早く焼かないと封切りに間に合いません。現像が上がったプリントは遠い地域から順番に発送されていきます。最後に池袋の劇場用のプリントが出来たのは二日の早朝でした。まだ乾き切っていないようなプリントです。この年私たちは、東洋現像所でお雑煮を食べさせて頂きました。本当に緊張感に満ちた仕事でした。もうあんな不合理な、然し人間が濃く取り組む映画作りはないでしょう。

お正月の映画館は全くスシ詰めの状態です。『人間の條件 第三・四部』は前作を上回る大ヒットです。会社は大喜びです。小林アレルギーも薄らいできました。「鬼」であってもお金を稼いでくれる人は神様です。小林さんは期待される監督となってしまいました。

直ぐに『人間の條件 第五・六部』の準備に入ります。松山善三さんの脚本の監督直しの作業が箱根の俵石閣で始まりました。小林さんと稲垣さんが籠もります。私も途中で呼ばれました。いつの間にか小林組のメンバーとして認められていました。小林さんも稲垣さんも私が第五部・六部に当然参加するものと決めてかかっていました。

然し、その時私には別のやりたい仕事がありました。木下組の助監督だった吉田喜重さんが監督に抜擢されることが決まり、吉田さんから私にプロデューサーをやってほしいとの要望がありました。吉田さんは助監督時代からいつも自分が一本になる時は私にプロデューサーになってほしいと言い続けていました。脚本を書く度に見せに来ていました。私も自分とは違った吉田さんの感性を面白いと考えていました。元来プロデューサーは監督のパートナーであるべきと考えていた私は、吉田さんとの映画作りで従来の大船の監督とプロデューサーとの関係を変えたいと思いました。小林さんのお手伝いは私の目指したプロデューサーの道とは違います。

私が第五部・六部の助手になる気がないということを察知されたのでしょう、ある日小林さんから私と家内にご馳走したいから時間を空けてくれないかとのお話がありました。若槻さんもご一緒とのことです。口説かれるなと予想はしましたが、ニべもなくお断りは出来ません。家内と時間調整をして出かけました。まず「久兵衛」でお鮨をご馳走になりました。私どもでは行くことなんか出来ない最高級店です。ゆったりと話題も当たり障りのない雑談です。本題を切り出すタイミングをお二人とも計ってをられるようでした。食後、場所を移しましょうと「らどんな」に行きました。これも老舗のバーで文壇の大御所などが常連の格式のあるお店です。お春さんという名物ママが仕切っていました。このらどんなでやっと若槻さんから口火が切られました。「三部・四部が予算上も枠内に収まり、しかも君が現場を仕切ってくれたお陰でスタッフの結束も得られたと感謝しています」。小林さんもパイプをくゆらせながら頷いています。「私も小林さんも君に五部・六部をどうしてもやってもらいたいのです」。若槻さんはゆっくりと説得されます。「勿論、今度は三部・四部のような助手の扱いはしません。会社とは関係なくギャラも私の方で払います」。若槻さんはズバリとギャラの額まで提示されました。それは新人監督に松竹が保証する額を超えた額です。お二人が十分に配慮された上でのお話であることはわかりました。私は自分の心境を率直にお話ししました。私の力量をそんなに評価してくださることに感謝しました。然し、私の願いはこれからの自分の生き方にかかわる問題にあります。小林さんは「そんな吉田君とやることは、きっと君の損になるよ」とおっしゃいます。私にとっては損得を言われることが一番嫌なことです。その夜はひたすら固辞することに努めました。家内は傍らで黙っていましたがどう感じていたかはわかりません。多分、家内の性格から、小林さんや若槻さんがこんなにまで礼を尽くしてくださるのにと思っていたことでしょう。

それ以後は、もう小林さんと大船でご一緒にお仕事をすることはなくなりました。小林さんは、『切腹』の後の『怪談』が松竹で断られた時点で松竹を去られました。この辞められる時点で、小林さんは松竹と監督料の未払いについて裁判で争われました。松竹としては去る者には追い銭は払わないという気持ちでしたが、そんなことを許す小林さんではありません。結果として勝訴されて、松竹イコール城戸さんは苦い思いを味わされました。小林さんはやはり「鬼」の本領を発揮されたのです。あの夜、「ボクについて来たほうが得しますよ」と言われましたが、本当にそうだったでしょうか。

『怪談』で小林さんは大変な苦労をされました。でも、それは小林さん自らのまいた種です。松竹では通用しても外部の資本は小林さんのわがままを許すわけはありません。若槻さんは破産に追い込まれました。「にんじんくらぶ」も解散です。小林さんも麻布霞町にあったご自宅を売られました。一時的に恩師の木下さんからお借りしたお金を返すためです。木下さんの性格を知っている小林さんは、木下さんにだけは早く返さねばと思われたのです。お金についてはしっかりしていた小林さんでも、自宅を手放さないといけないと決心されたのですから、その追いつめられ方は大変なものだったのでしょう。それから亡くなるまで、女優の高田敏江さんのお宅の二階での間借り生活でした。それでも、本来のゼイタク家さんのところは直さず、身の回りの品はすべてよい品質であり素敵な色合いでした。ゴルフ道具も一流で、ケネス・スミスという最高級品でした。暮らしは間借りでも心は貴族というわけで、「鬼」の本質は失われませんでした。

そんな小林さんから久し振りにお電話があったのは、私が博報堂に転職して一年ほど経ったある日でした。電話口で「ボクです。小林です。どう、五十切りましたか？　ゴルフはじめたんだって？」。おそらく篠田正浩さんから私がゴルフをはじめたのを聞いて、それでは仲間に引きずり込んでやろうとの魂胆です。「鬼」は格好の「カモ」を探していたのです。小林さんのゴルフは執念の固まりで、ハンデ以上に勝負強いのは評判でした。あの『人間の條件 第五・六部』の脚本で箱根に籠もっていた時、昔の仲間の日活の中平康監督を仙石原に誘って『紅の翼』の演出料をすべて奪った上に、帰りに旅館に誘い込み更に麻雀で追い討ちをかけたのを目撃していますし、勅使河原宏さんと相模原で賭けてプレイされていた時、三十センチくらいのパットが残ったので、勅使河原さんが「ＯＫですね」と自分のボールを拾われた時、「まだ、私は

ＯＫしていません」とペナルティで二打を加えて請求されたとか、ゴルフにおける「鬼」の所業は仲間内では有名です。そのせいか友を失うことが多く、小林さんのお相手する人は余程の人格者か弱い人間に限られてきました。そんな時に私がゴルフをはじめたと聞かれて、「よし」と思われたに違いありません。だと知っても、私としては敵に後ろを見せるわけにはいきません。たとえ「鬼」と知っていても、いや知っていればこそ戦いたくなるのが私の性質です。五十を切って直ぐ、小林さんにお電話しました。「それじゃ、来週の火曜朝七時半に家へ迎えに来てください。相模原にいこう。篠ちゃんと宮さんにも君から連絡しておいて」。小林さんの声は弾んでいます。篠ちゃんとは篠田正浩さんのことで、宮さんとは篠田さんと同期の元助監督で、今は池袋で家業の果物屋さんを継いでいる宮川さんという人です。この四人は麻雀でも時々お手合わせをしています。

小林さんとの最初のゴルフが始まりました。当然のように賭けゴルフです。「君はもう五十を切ったんでしょ。賭けなければ上達しませんよ」。ハンデも勝手に決められました。団体戦という二人ずつの組分けは、小林さんと私、そして相手は篠田・宮川組です。賭けの仕組みも全く飲み込めないままのスタートです。「兎に角、チャンとやればいいんです」と小林さん。まだ初心者と言っていい私はクラブを三本くらい担いで走り通しです。早くプレイするのが最低のマナーと厳しく言われるので、キャディーさんの動きよりも先に動かねば叱咤されます。何をしたのかもわからないままハーフが終わります。昼飯の時には、あのホールでのプレイはこうすべきだったとお説教です。そんなこと忘れています。「ゴルフは記憶のスポーツですよ。コースのホール立てや自分のプレイを覚えてないなんて、ゴルファーとは言えませんね」。ワンハーフのプレイを終え、風呂に入って食堂に行くと、早速賭けの清算が始まります。個人戦は当然小林さんの一人勝ちです。何しろシングルプレイヤーでハンデも有利になっているんですから、皆歯が立つわけはありません。団体戦も小林さんのお陰で我が組が勝ちました。私の個人戦の負けが少し補われました。

こうして我々懲りない面々はそれから四年間くらいにわたって小林さんの厳しいご指導を得ることが出来ました。流石に負け続けでは堪らないので我々も勝負強くなってきました。ところが、上達したら今度はハンデが上げられます。また苦しみが始まります。マゾかと思われるくらいヒイヒイ言いながら、苦行を続けました。やはり、その苦しさを撥ね除けようという気持ちが楽しみになったのでしょう。昔、華厳ノ滝から飛び降りて自殺した人が、「大なる悲観は大なる楽観に一致する」と遺書に認《したた》めたのと同じ心境でした。この戦いは、我々三人のうちの一人が都合が悪い時は、仲代達矢さんとか安部徹さん、東宝で『社長シリーズ』等を演出された松林宗恵監督が穴を埋めてくださいました。皆さん小林さんとは長いお付き合いですから、その「鬼」ぶりは百も承知です。ですから仲代さんは、たまたま小林さんの調子の悪い時に出会って自分たちの組が勝ってくると、「もう、いいよ」と小林さんの不機嫌な顔から逃れたいあまりに手を緩めようとします。同じ組の私などは、千載一遇の好機と仲代さんに徹底してやっつけようと言いますが、「鬼」の祟《たた》りを恐れて仲代さんは小林さんのプッシュの連発に戦意を失ってしまいます。結果は「鬼」のかすり傷程度で円満な終わりとなります。あの『人間の條件』で、鬼軍曹として悪役ぶりを発揮された安部さんも、小林さんの前では声まで小さくなるのです。それでも誘われると出かけるのですから、断わるのも怖かったのでしょう。

私は博報堂の社員ですから会社の業務があるのは当然で、毎回小林さんのゴルフのお誘いに応じるわけにはいきません。「会議があって無理です」とご返事を返すと、「そんな会社辞めてしまいなさい」です。自分の都合がいつも優先するのです。会社では勝手者として見られている私ですが、同僚や上役にへりくだって休暇を貰い、朝早くお迎えとなります。毎年、少なくとも月に二回は相模原か大利根で決戦です。しかも、賭け金は徐々に増えていきます。「スポーツなんでしょ。あんまり賭けると友情にもひびきますし……」と言えば、蔑《さげす》んだ顔で「ゴルフはスポーツなんて甘いもんじゃないです。朝早くから夕方遅くまで大の男がやって小銭のやりとりなんて変ですよ。麻雀のレートと比べれば当たり前です」。要するに、ゴルフはスポーツではなくギャンブルだというわけです。

まだ、体力、気力が充実していた小林さんは、一・五ラウンドどころか普通で二ラウンド、時には二・五ラウンドも回られます。キャディーさんは嫌な顔をして、途中で交代することもありましたが、小林さんは平気です。我々にだけでなくキャディーさんにも「鬼」ぶりを発揮されます。あの頃は夏時間でしたし、ゴルフ場も夜九時近くまでフロントを閉めないでいたから出来たのです。

ゴルフが終わってやっと解散かというとそんなわけにはいきません。今度は私の家に寄られて麻雀のご開帳です。はじめは一寸遠慮気味なところを家内に見せられましたが、その内に当たり前のコースとなりました。我が家で晩御飯を食べ、夜食を食べ、遂には朝御飯を食べてようやく解散です。私は寝ずに出社です。出世なんか出来るわけがありません。然し、そんな日々が例の『四騎の会ドラマシリーズ』という企画が博報堂に持ち込まれたことで中止のやむなきに至りました。この企画は御存じのように大もめになりました。小林さん自身はテレビドラマには消極的でしたが、師匠の木下さんが主導されていることもあり、そして私が担当していたので一寸同情されたのでしょうか、黒澤さんの説得に黒澤邸を訪ねられたりして調整に努められました。それは「鬼」の小林さんからは考えられないことでした。小林さんは本質は善い人なんだなと知らされました。

そんな小林さんの心遣いに報いるためにも、私としては小林さんのやりたい企画を通すことに努めました。その企画は、井上靖原作の『化石』です。内容的にテレビの連続物としては容易に認められるものではありません。死がテーマですし、主人公は老人でしかも癌にかかるという話です。フジテレビの編成は真っ向から反対です。やっと押し切って通した時には、「荒木正也と犬はフジテレビの玄関を通すな」と時の編成局長が言ったとか、という話が出来たくらいでした。小林さんは単にテレビドラマを作るのではなく、将来は映画として劇場公開するという意図でこの『化石』に取り組むことにされたのですから、スタッフの編成から本格的です。名カメラマンの岡崎宏三さんが16ミリで撮影され、劇場公開の時には35ミリにブローアップするというわけです。ロケに選ばれた麻布のお屋敷も、「鬼」流の使い方です。住んでいらっしゃった方々は離れに長期に渉って追いやられ、ピアノは通路でカバーをかけられて放置され、小道具などは小林家のものを持ち込んで配置する。こちらはただでさえも身が縮む思いでいるのに、小林さんは貸主から声がかかれば離れでお茶をよばれたり、時にはお昼のお弁当を食べたりと平気な顔です。誰にも真似の出来ない所業です。

このテレビシリーズは一時間物で九回の連続でしたが、普通のテレビドラマにはない重厚できめ細かい仕上がりで一部の方々には大変評価されました。ところが残念なことに第二回の放映日が丁度あの浅間山荘事件が始まった日と重なり、テレビの視聴者はそっちの生のドラマに釘づけになってしまい、視聴率の上では大きな被害を被りました。然し、それが却って幸いしたのか、二年後に映画として再編集して劇場公開された時には、元がテレビドラマであったという印象は薄く、その堂々たる作風は内外で評価され今でも小林さんの代表作の一つとして存在していることは嬉しいことです。

『四騎の会』の出来事以後、また小林さんとは以前のゴルフと麻雀のお仲間という関係に戻りましたが、そのゴルフにまつわって更に密な関係が生じることになりました。それは、昭和三十九年に亡くなった佐田啓二さんを偲ぶゴルフ会の復活プロジェクトでした。この「佐田啓二を偲ぶ会」は、生前誰からも愛されたゴルファーでもあった佐田さんを偲んで、亡くなって直ぐから何回か佐田さんのお仲間たちが催していたのですが、事情があって中止されていたのを復活させようという企画でした。この発想は、当時開場した「烏山城カントリークラブ」のオーナーの田村三作さんから小林さんに相談という形で起きました。田村さんは映画人ではありませんが、小林さんたちを通じて佐田さんと生前、相模原や横浜カントリークラブなどでプレーされた関係で、ご自分のコースが出来た機会に「佐田さんを偲ぶゴルフ会」を烏山城カントリークラブの特色ある行事として開催したいと考えられたのです。小林さんとしてはかつて中止になった経緯もあって、前の会とは無関係の私に設営を委ねようと考えられました。私も若い頃から佐田さんは存じ上げていますし、小林さんが表面に出すぎますと田村さんの新しいコースの宣伝が主目的ととられる恐れもありましたので、幹事役をお引き受けしました。まだ、映画界も勢いが少し残っていましたし、佐田さんのお仲間だった監督、脚本家、作家、俳優、スタッフも大勢元気でいらっしゃいましたので、呼びかけに応じてくださり凄い顔ぶれが勢揃いしました。監督では、小林さんを筆頭に東宝の松林宗恵監督、杉江敏男監督、須川栄三監督、松竹系からは井上和男監督、篠田正浩監督、日活からは斎藤武市監督、フリーでは勅使河原宏監督、脚本家では菊島隆三さん、笠原良三さん、漫画家の横山隆一、泰三ご兄弟など、俳優では三井弘次さん、宇佐美淳さん、藤田進さん、東野英治郎さん、河津清三郎さんといった古老が揃い、安部徹、池部良、木村功たちは若者扱いで、石濱朗や勝呂誉《すぐろほまれ》たちはチンピラ扱いといったところでした。真夏の開催でしたから、前夜祭は烏山城カントリークラブご自慢の山形から移築した合掌造りの臥龍閣《がりゅうかく》（勅使河原さん命名）の全室を開け放し、見事な庭園を付属会場として、近所の那珂川《なかがわ》で獲れた鮎の炭火焼を含めて山海の珍味と美酒がふんだんに用意され、最後には餅つき大会です。今思えば夢のような催しでした。凝り性の小林さんですから、ゴルフコンペの賞品も数か月前から私や松林監督を引き連れてアメ横や銀座のお馴染みの店を歩き回り調達したものです。表彰式では参加者の響きと歓びの声が渦巻きました。小林さんもご満悦です。

このゴルフ会はやがて佐田さんの十七回忌も終わって、ご遺族から辞退したいとの声もあり、また先述の古老たちの中からも亡くなる方が増えてきましたので、新たに映像人の物故者を偲ぶ「メモリアル・カップ」として更に規模を広げてその後も業界の名物コンペとして毎年開催されていました。然し、バブルの崩壊などの社会情勢の変化等の影響で、従来のような素晴らしい運営が困難になり終焉を迎えてしまいました。

小林さんは小林さんらしい考え方で、「メモリアル・カップ」になった時点で「自分は乗れません」との意向を漏らされて参加をされなくなりました。「佐田さんを偲ぶゴルフ会」はご自分の気の合った方ばかりで人数も五十人前後でしたから、小林さんも気分よく過ごされたのですが、「メモリアル・カップ」となると人も二百人と参加者が増えますので、小林さんの気分と合わない方も参加されますし、大半は知らないテレビ関係者ばかりです。小林さんの美学には合わない筈です。私たちは知らん顔でいましたが、小林さんは時折「ボクは反対だったのですよ」とやや厭味っぽく言われていました。

だが、そんな楽しいというか呑気な小林さんとのお付き合いが突然崩れる事態となりました。それは『東京裁判』への私の参加です。私は、『四騎の会』の件以降はスポーツイベントやテレビでの『カリメロ』などの企画展開に従事し、映画には全くタッチしていませんでしたが、ある日博報堂に現れた一人の山男、長谷川恒男さんのグランドジョラス北壁の単独登頂のプロジェクトを担当することになり、そのプロジェクトがテレビ特番では出来なくなったことから『北壁に舞う』という記録映画を作る羽目に至りました。博報堂がはじめて映画を自ら作ることになったのです。そんな状況を知って小林さんの周辺の佐藤正之さんや稲垣俊さんたちが、製作途上で行き詰まっていた『東京裁判』に私を借り出すことを製作母体の講談社に持ちかけたのです。小林さんは私のことを知っていますので、気が進まなかったと思います。私のように面と向かってズバズバ言う人間と一緒に仕事をするのは気が重いと考えられたのは当然です。然し、行き詰まりの打開の手段が見つからないままの講談社はその提案に乗りました。講談社は博報堂にとっては大切な得意先です。その会社から荒木を貸して貰えないかと言われれば一も二もありません。まるで猫の手を貸すくらいの気持ちで引き受けました。私にはこの仕事の困難さがわかっていました。劇映画だって大変な小林さんがはじめて記録映画を作られるのです。講談社が困っているのはわかりますが火中の栗を拾うのはゴメンです。会社にお断りしてほしいと言いましたが、もうお引き受けした以上断れないと懇願されます。とうとう製作委員の一人として参加することで承知しましたが、実際に委員会に出席しても具体的に対策を出す人はいません。誰もが小林さんに正面からものが言えないようです。講談社のトップが小林さんと話す機会を持っても互いに儀礼的な話ばかりで終わってしまい、製作の停滞はそのままです。

映画のプロが引き受けたのだから講談社はすべてお任せしますという姿勢ですから、映画人のプライドにかけても何とかしないわけにはいきません。とうとう、プロデューサーを引き受けさせられてしまいました。現場の作業に入ってみると、やはり「鬼」はどういう作品に仕上げるかの方針はまだ決められず、稲垣俊さんの脚本がまとまるまでは待ちの姿勢です。毎日、六本木のマンションの作業場に現れて、資料フィルムのチェックに没頭されている編集の浦岡敬一さんから説明を受ける以外は、床にゴルフのパットのゴムのホールを置いてパターの賭けで時間を潰します。私たちスタッフだけでなく激励に訪問される人も誘って悠々としてをられます。二階では稲垣さんが脚本の構成のための資料に埋まって、一向に書き出そうとしていません。講談社の担当にとっては上司にどう報告してよいかと悩みが続きます。映画界においてすら扱いに苦しむ小林さんを理解するなんて不可能です。しかも小林さんは大監督として評価の定まっている人ですから、面と向かって責任を追及することなど出来ません。サラリーマンの常として、別の犯人を見つけねばなりません。遂に、稲垣さんが停滞の根源とされました。稲垣さんは小林さんの信任の厚い人で、小林さんも稲垣さんには脚本を委ねたままで何にも言いません。稲垣さんは委ねられた以上は納得のいくまでやりたい性格です。普通の劇映画ならそれでも出口が何時かは見つかりますが、『東京裁判』という歴史上の出来事を四十年経った時期に記録映画として世に出すという責務は重く、しかも膨大な資料があればある程その取捨選択は困難さが伴います。映画興行を考えた時に、完成される長さも自ら制約があるのは当然です。そんな大変な作業中に私がプロデューサーになって登場したのです。稲垣さんは『人間の条件 第三・四部』以後私を評価して、この困難なプロジェクトの解決に私を誘い込んだ張本人です。私の登場は強い味方が来てくれたとの思いだったでしょう。然し、私に課せられた課題はその稲垣さんを降ろすことでした。小林さんは稲垣さんを降ろすことに同意するわけはありません。私も稲垣さんが今まで積み重ねて来た努力を評価していました。ただ、その時の稲垣さんは研究をすればする程、あれも入れねば、これにも触れねばと現実的に記録映画の脚本としてまとめあげる状態ではありませんでした。脚本の枚数にして二千ページ(二百字／ページ)を超える長さになるとまで言い出していました。小林さんがはっきりと方針を出されて、こういうまとめ方をするようにと指示しないかぎり稲垣さんのやり方を止めることは出来ません。稲垣さんを外すことが、結果として、小林さんにこれは自分の仕事と覚悟を決めて頂けるかと思いました。結局、紆余曲折はありましたが稲垣さんは脚本の仕事を離れ作業場から去られました。私は、稲垣さんの残された原稿や資料を基に小林さんご自身で脚本を作って頂きたいとお願いしました。私を助けるために途中から参加された、元東宝で『燃える秋』のプロデューサーだった安武龍さんも一緒に説得してくださいました。然し小林さんは、稲垣さんを降ろしたのは貴方たちなんだから、ボクはやりませんと冷たく拒絶されます。小林さんは、『東京裁判』を引き受けられる前に広田弘毅さんをモデルにした小説『落日燃ゆ』（城山三郎原作）を映画化したいと思っていらっしゃったので、その思いから離れられず、記録映画として『東京裁判』をどういう方針でやり遂げるかの構想が持てなかったのかも知れません。いや、それ以上に自分の片腕の稲垣さんを降ろした私たちへの恨みが深かったのでしょう。もうこうなったらテコでも動かないのが「鬼」の常套手段です。映画を作り上げる責務を背負った以上、私たちも逃げられません。私と安武さんは自分たちで『東京裁判』の構成案を作り上げました。それは、裁判を縦軸に、時代を横軸にした案でした。具体的に取り上げるべき裁判の項目やその時代の事件も記して、それを埋めれば脚本になる詳しい案でした。それを下敷きに小林さんに脚本化して頂ければと考えたのです。私も安武さんも、『東京裁判』はあくまでも小林正樹の『東京裁判』でなければ作り上げる意味もないとの考えから、どうしても小林さんが脚本にタッチすべきと思いました。記録映画は作り手の強い意図がないと説得力を持ち得ません。然し、どんなに迫っても小林さんは頑として脚本を書くとは言われません。講談社はこちらにどうにかしてくれと言うばかりです。遂に、もうこのプロジェクトをストップして小林さんにも降板して頂くことを覚悟せねばならないとまで考えるに至りました。

ある夜、私と安武さんとは、小林さんと六本木の中華料理店で話し合いました。この夜のことは、思い出すのもつらいことです。私は小林さんに、映画人としてこれ以上素人の講談社に迷惑をかけることは出来ない。これまでの努力は報われないが、小林さんが監督としての責任を全うする意思がないのなら、講談社に謝って全員降りることにせざるを得ないと言いました。同じ席にいた安武さんが、今でも思い出して呆れると言われるくらいの激しい言葉で迫りました。小林さんに怒りの表情が出ましたが、怯《ひる》みませんでした。私は自分も博報堂に辞表を出す覚悟を決めていました。安武さんが間に立って小林さんの怒りを抑えながら説得してくださいました。ようやく、小林さんは作業を進める方向で承知されました。それには、私が脚本を書くこと、という条件がついてました。もう議論の余地はありません。

それからの一年半ほどの期間、私は脚本のための準備勉強に没頭しました。文字の資料の中には裁判速記録も入っています。それは膨大なだけでなく、裁判用語に満ちており、使われている言葉もカタカナ及び文語調で難解です。その上、フィルムの資料も百万フィートを遥かに超えています。編集の浦岡さんとその助手さんの丁寧な作業のお陰できちんと分類されていますが、それをムビオラで観るのは画面が小さい上に鮮度が明らかでなく大変な目の疲れがもたらされます。私の頭の中で、それらの資料を体系づける作業が絶えず続きます。自宅の部屋には限りない項目のメモが散らかっています。頭の中で、自分の構成に従ってモザイクのように各項目が組み立てられては、また壊されます。十キロ以上体重は減り、食欲はなくなります。

目もチラついて人の顔が正視出来ません。目医者さんは目の病気ではなく、極度の神経の疲労からくるものだから、暫く休暇を取って島にでも行ってのんびりしたら治ると言います。そんなアドバイスなんか聞いてはいられない状態です。まず家族が心配し、会社の人間も驚き、講談社の人も少し休養を取ったらと言ってきました。でも、休養したらもうエネルギーは続きません。最終的に脚本の構成を読み切って脚本の執筆にかかり、五晩の徹夜で四百六十枚の脚本を書き上げました。それが、映画『東京裁判』の基本となりました。私はこの脚本を、小林さんの名で発表して貰いたいと申し出ました。映画『東京裁判』は、小林正樹作品であってこそはじめて市場価値もあり、それが講談社にとっても有り難いことだとわかっていました。このプロジェクトに参加することを覚悟した時から、私は小林さんに身を捧げる覚悟でした。その上、稲垣さんを降ろしたり、小林さんに無礼な言葉も叩き付けました。博報堂は、私を講談社への奉仕のために出向させました。私の貸し出し料も全く取っていません。勿論、私は自分の脚本料を一銭たりとも講談社に要求していません。残るのは私の誇りだけでいいと思いました。この私の小さい誇りも、後になって砕かれる事態が何度も起きましたが、私は黙って通して来ました。誇りは自分の中にあるもので、人にわかって貰えなくても仕方がありません。

ただ、この時の誇りがその後、私に多くの意味ある作品を作らせたのかも知れません。『ビルマの竪琴』『風の谷のナウシカ』『螢川』『孫文』『次郎物語』『死の棘』『アンネの日記』等々の作品が、私が本当にあの『東京裁判』を支えたことを証明してくれたと、自分の中で満足しています。

『東京裁判』は、五年の歳月をかけようやく完成しました。講談社の創業七十周年記念事業として、出版の『昭和萬葉集』と並んで発表される予定でしたが、公開は七十三年目でした。脚本が出来てから完成に至るまでにも、幾多の困難事件はありました。特に大変だったのは、配給を早くから申し出てくれていた東宝東和から、完成尺数が長すぎるから三時間半以内にしてくれないと困るとの要望が出されたことでした。興行側から考えれば三時間半でも一日三回しか興行出来ません。我々のギリギリの尺数では四時間三十七分になっていて、二回しか回せません。東宝東和との交渉にあたっていた私は、兎に角観てくださった上で配給会社としての意見を聞かせてほしいと申し出で、試写を設営しました。東宝東和からは、営業の責任者である山下輝政副社長はじめ幹部が総出でいらっしゃいました。試写が終わって席を東京プリンスに移しました。その席上で、山下副社長がこの作品を観て配給させて頂く光栄を感じましたと前置きされ、「配給会社としてこのままで受け止めます。たとえ一日二回しか回せなくても、この作品はこのままの姿で観客に観て貰いたい」と結論を下されました。我々の勝ちでした。さすがに、川喜多長政さんの薫陶を受けられた方々のいらっしゃる会社だと感動に包まれました。小林さんもご苦労の甲斐がありました。

昔の有楽座での大試写会には政財界のトップをはじめ、文化人、マスコミ、映画人と多数の方が予想を超えて来てくださり、遂に隣接するみゆき座までも興行を中止して試写の第二会場とするという空前の出来事になりました。小林さんの功績は内外で称えられました。

私にも「藤本賞・特別賞」「日本映画テレビプロデューサー協会・エランドール協会賞」と、映画界においての表彰がありました。博報堂においても、やっと大きな仕事を成し遂げたとの評価が生まれましたが、サラリーマンにとって五十歳前後の五年間の空白が大きく響いたのは否めない事実でした。その上、ようやく会社に復帰するや、徳間書店から博報堂に共同製作を申し込まれた『風の谷のナウシカ』を担当してほしいとのことになり、以後、映画から逃げられなくなってしまいました。

『東京裁判』の方も完成から公開までに相当時間がかかりましたので、ナウシカの準備をしながら各地の試写会にも立ち会わねばなりません。映写状態に厳しい小林さんもチェックのために来られます。小林さんは、通常の試写会のような、監督、スタッフが壇上に並んで挨拶する型通りのセレモニーには絶対に応じません。映画を観て頂く前にその狙いや苦心を話すなんて変だと言われます。そのことは私も納得です。私と小林さんは、試写の度に客席の一番後ろで観ます。観客の反応を感じながら、ナレーションの出の早い遅いとか、タイトルの早い遅いが気になります。仕上げた時はよいと思ったタイミングが微妙に違っているような気がします。試写が終わると小林さんが物言いたげな顔で近寄ります。私がまず気になったところを言います。小林さんもゆっくりとご自分の意見をおっしゃいます。あそこを一秒遅くしよう、あそこで六コマ早くタイトルを出そう。意見がまとまると配給会社の東宝東和に直しをお願いします。

試写が終わって納品した時点から、直しは配給会社の範疇です。費用も手間もかかります。はじめは流石に小林さんの完璧主義と理解してくださった東宝東和も、それが数度では止まらず、十数度と重なってくると悲鳴をあげて、もう小林さんが試写に立ち会わないよう申し入れてきました。東宝東和の悲劇はそれだけでは終わりません。本社の試写室の音響装置がよくないと、取り換えを要求されました。その時でも小林さんは平然と、「東宝東和ともあろうところの試写室がこんなことでは恥ですよ」と歯に衣着せぬ口調です。どこにいても「鬼」でした。

こうして『東京裁判』でその存在が再認識された小林さんですが、日本映画の大手各社からは少しも声がかかりません。俳優座映画放送（後の株式会社仕事）代表の佐藤正之さんが働きかけられるのですが、どこも応じてくれません。それには訳がありました。『東京裁判』の話がある前、小林さんには長年の夢の企画『敦煌』が実現しそうになった時がありました。徳間康快さんが再建に乗り出された大映の第一回作品として、『敦煌』が小林正樹監督として大々的に発表されたのです。この井上靖さんの原作は『人間の條件』が終わって間もなく、小林さんが自ら井上さんに会われて原作権を手に入れられたもので、小林さんの執念が籠もった企画でした。私たちはこの朗報を心から喜びました。ただ、私はこの企画には参加する気はありませんでした。私は映画を捨てたと公言していましたし、小林さんと『敦煌』をやればどんな苦労が待っているかを知っていたからです。幸い『敦煌』のプロジェクトは電通が担当しています。小林さん側のプロデューサーとしては小林さんと親しい俳優座映画放送の佐藤さんがいらっしゃいます。例の稲垣さんが当然のように脚本を担当されます。私は遠くでスムーズに事が運ぶことを祈っていればよい立場でした。ところが、やはり小林さんの「鬼」ぶりと徳間さんへの対応の誤りが、小林さんを監督から降ろして他の監督にするという事件になってしまいました。まず脚本の問題では、稲垣さんの脚本が例の通りなかなか書き上がらないため、中国側との折衝に間に合わせる為に小林さんは別途に吉田剛さんに脚本を依頼されました。その吉田脚本を土台に具体的な準備が始まりました。そこへようやく稲垣脚本が上がって来ました。小林さんは稲垣脚本で製作すると主張されます。徳間さんの面子はありません。徳間さんから見れば吉田脚本も小林さん側から出されたものです。それでやるという意思表示と受け止められていたのは当然です。吉田さんだって堪ったもんじゃありません。折角、力を込めて書いた脚本をポイと捨てられてはプロの誇りにかかわります。小林さんから見れば、稲垣さんも吉田さんも気心の知れた助監督ですし、稲垣さんの方が先輩なんですから吉田さんが我慢するのが当然との思いでしょう。

徳間さん側はこの脚本問題をきっかけに映画界における小林さんの定評を改めて考えてみました。考えれば考えるほど、前途が怖くなります。小林さんに最初に会われた時に、製作費としては十五億を限度にと伝えたら、ちゃんとやるなら二十五億以上はかかりますと返された記憶や、戦闘シーンの馬は五千頭以上は用意してくださいと言われたことが思い出されます。このまま小林さんでやっていけば地獄を見る怖れは大です。徳間さんは直ちに原作者の井上さんに会われ、現状を説明し小林さんの降板の了解を求められました。井上さんは小林さんの長い歳月にわたるこの企画に対する熱意は十分わかってをられましたが、日中友好協会のリーダーとしての立場からプロデューサーとしての徳間さんの立場も理解され、小林さんの降板を了承されました。小林さんは井上さんが自分をかばってくださると甘く考えられていたので、徳間さんから通告を受けてショックを受けられました。佐藤さんが調整に動かれましたが、徳間さんの決断は揺るぎませんでした。

『敦煌』はその後、何人かの監督が候補に上った結果、佐藤純彌監督によって昭和六十三年に完成しました。勿論、吉田脚本によるものです。私も観に行きました。残念ながら八十点の映画でした。決して悪い映画ではないのですが、そこには香気が感じられないのです。「鬼」ならば、きっと凄い印象を残す映画を作っただろうと思いました。

その『敦煌』を降ろされるに至った事件の記憶は、日本映画界に残っていました。いくら『東京裁判』という堂々たる作品が出来ても、小林さんに対する定評は揺るぎません。いや、寧ろ確固たるものになっていました。日本映画の本流から見捨てられた小林さんは、遂に不動産の山源の資金で『食卓のない家』を作る道を選ばれました。決して酷い出来の作品ではありませんでしたが、それが小林さんが折角『東京裁判』で得られた声望を低くしてしまったことは否めません。そして悲しいことにそれが遺作となってしまいました。

『東京裁判』での激しいやりとり以後、徐々に小林さんと私との交流は薄くなっていきました。

ゴルフでも往年の「鬼」ぶりは消えました。相模原にご一緒しても飛距離がガクンと落ちてきました。二打目を打つ時、一番手前のボールがご自分のと認めた時の苦い顔は忘れられません。あの賭けのレートも、ご自分でさっさと大幅に下げてしまわれました。そこは小林さんらしく平気な顔です。篠田さんたちと呆れながら、密かに苦笑いを交わしあったものです。

晩年の小林さんは、足の血管が詰まったり体の色々な部分に故障が起きて、入退院を繰り返されていました。時々御宅に戻ってをられる時に、お電話でお話しすることはありましたが、病院にお見舞いにはいきませんでした。行けば喜んでくださったかも知れませんが、「鬼」が弱っていらっしゃる姿は見たくありません。小林さんも木下さん同様、カッコよくありたいと思っていらっしゃる、いや、思っていて頂きたいと願っていました。

亡くなったお知らせを奥様から頂き、何度も伺ったことのある二階のお部屋に入りました。ご遺体を拝ませて頂きましたが、そこには痩せて枯れたご老人が静かに眠っていらっしゃるだけでした。もう懐かしい「鬼」の気配は全くありません。悲しみと淋しさがこみあげて来ました。思えば長いお付き合いでした。ユニークな方でした。憎いところは沢山おありでしたが、決して嫌な方ではありませんでした。本当は、私たちはどこかに通い合うものを知りながら、それを甘い付き合いにしたくないという、お互いの了解があったのだと思います。小林さんが自分の生き方を通されたことを、見事と感服するばかりです。

今、小林さんは北鎌倉の円覚寺の別院で眠っていらっしゃいます。ご姻戚の田中絹代さんと同じお墓です。私の両親の墓が建長寺にありますので、墓参りの帰りに年に数度立ち寄ります。小林さんのお墓の背中合わせには佐田啓二さんのお墓があります。同じお寺の一寸離れたところには、木下さんのお墓も、小津さんのお墓もあります。淋しくはないでしょう。「お前さんも変な男だよな。あの小林正樹さんと長く続くなんて……」と多くの映画関係者は言います。苦笑いするしかありませんが、私の心は誇りに満たされています。

黒澤　明さん

黒澤さんのことは既に多くの方が書かれていますから、今更その偉大さや素晴らしさに触れても仕方がありません。ただ、私がお目にかかった時期が『四騎の会』の末期の頃で、黒澤さんにとっても一番大変な状況の時でしたから、あるいは一番正直にご自分を見せてしまわれたのかも知れず、これまでの黒澤さんとは少し違った面も出るかと思います。

木下さんや小林さんのことを書いた折に『四騎の会ドラマシリーズ』については触れましたが、私が黒澤さんを知ったのは、その時がはじめてでした。それまでは映画の作り手としての黒澤さんを作品を通じてだけ知っていました。処女作の『姿三四郎』以来、黒澤さんはいつも私を驚かせ楽しませてくださる監督でした。松竹に在籍していた私には遠くに聳《そび》える富士山のような存在でした。小津さんにも木下さんにもない骨太な作風は男っぽい映画作家の代表として、羨ましい気持ちでいつも見ていました。

そんな黒澤さんが木下さんの紹介で私と会ってくださる機会が現れたことは、全く望外なことであると同時に緊張する事件でした。『四騎の会』の事務所での初顔合わせは、予想したより穏やかな空気の中で行なわれました。黒澤さんはその長身を、椅子から立ち上がって私を迎えてくださいました。黒眼鏡越しですが、その目は優しく威圧感はありませんでした。お会いする前に様々な人や記事から、尊大で気難しい人という先入観がありましたので、ホッとすると同時に急に親しみが増しました。こちらも気軽に、木下さんからお聞きしていた黒澤さんのその時の経済状況や心理状態などに触れることなく、ただ『四騎の会』が立ち行くようにお手伝いしますとだけ申し上げました。「君のことは木下さんから聞いていますが、あの城戸さんとケンカしたんだって？」からかうように聞かれます。「ケンカだなんてとんでもありません。あんな偉い人とケンカ出来るわけはありません。ちょっと逆らっただけです」「僕は木下さんは本当の天才だと思っているんだよ。その木下さんが君を推薦されるんだから、僕は君を信頼していきますよ」。微笑みながらそう言われるとこっちは涙が出そうになります。天下の黒澤さんからのお言葉です。改めて、このプロジェクトは絶対に達成しなければという使命感が湧いてきました。黒澤さんは打ち解けてくると黒眼鏡を外して、「実は僕は血統的に目が弱くてね。ほらこんなに白く濁っているでしょ。黒眼鏡を掛けたままで無礼な奴だと思われるんだけど、この方が楽なんで」と恥ずかしそうに話して、また掛けられます。確かに、黒いサングラスは黒澤さんのトレードマークですからその方が落ち着きますし、格好がつきます。

事実、黒澤さんが目が悪いことは、数日後、博報堂の丸の内にあったクラブで飲みながらお話しした時に、オードブルの飾りの野菜のニンジンをソーセージと間違えてつかもうとされたのでわかりました。黒澤さんはウイスキーを飲みながら身辺のお話を飾りっけなしにお話しになりました。「今、僕の家や御殿場の別荘は東宝に借金の担保で押さえられているんですよ。

ひどいもんだよね、僕は随分東宝を儲けさせたんだが」。黒澤プロを作られてから『用心棒』や『椿三十郎』で儲けられたと思っていましたが、『赤ひげ』の製作費オーバーなどで契約上、書類の上でそうなったのでしょうが、黒澤さんは結構気にされていました。豪快で我が道をゆく巨人という印象を持っていましたが、『トラ・トラ・トラ！』の訴訟問題なども、被害者という意識を濃く持ってをられました。私としては『四騎の会ドラマシリーズ』をやって頂くのに、出来るだけ気楽になって臨んで頂きたいと思っていましたので、仕事の話には触れずに、お話の聞き役を暫く務めました。その甲斐あってか黒澤さんは直ぐに私に気を許してくださり、間もなく「実はね、僕には今度のドラマシリーズでやってみたい素材があってね、それはまだ木下君にも話してないんだ。君の方で密かに調べておいてほしいんだがね」と腹案を打ち明けてくださいました。「まだ、他の監督には内緒だよ」黒澤さんはしきりに念を押されます。「勿論です」鉄の誓いを交わします。どうやらこれで仲間にして頂けたようです。黒澤さんという大きな懐に飛び込めたことで私は嬉しくなりました。世間は怖い人と言っていますが、目の前の黒澤さんは実に無邪気な笑顔でイタズラっ子のように企画を夢見ているおかしな大人でした。

然し、実際の作業に入ってからはやはり世間の評判通り、いやそれ以上の大変な人でした。ご自分の言い出した企画でありながら、果たしてこれでうまくいくのかと迷われる日もあります。別の企画を考えてくれませんかとこちらに注文を出されます。自分の企画ですらも、ああでもない、こうでもないと悩まれるくらいですから、こっちからの企画なんて難くせをつけられるのは明らかです。「先生が直感的にイケると思われたのですから、この企画はきっと面白くなりますよ」と上岡さんと励まします。「それはそうです。人間の第一発想は大体間違いはないものです」。やっと、また元の企画に戻ってくださいます。そんな繰り返しの結果、ようやく『四騎の会』の会合にその企画が提案されました。大正時代、黒澤さんがまだ少年時代に無声映画で御覧になったという『地獄花』というアメリカ映画を下敷きにしたストーリーです。ホームドラマでありながらサスペンスもあり、しかもヒューマンな感動作になりそうな話で、他の三監督も両手を上げて賛成されました。黒澤さんの企画が決まらなければ、このドラマシリーズは危ないと思われていましたから、ホッとした空気になりました。気の変わらない内に脚本にかかって貰おうと、出席者は、黒澤さんの直ぐに御殿場の別荘に籠もって執筆するというお話に大賛成しました。

翌日には、黒澤さんは黒のジャガーで別荘に向かわれました。お世話係は運転手さんです。二、三日後には私と上岡さんにも来いとのご命令です。木下さんも「あなたたちでしっかりお守りしなさい」とおっしゃいます。会社を三時前に出て御殿場に夕方到着します。黒澤さんはご機嫌で迎えてくださいます。もう、運転手さんの手慣れたお料理が用意されています。まず、エシャロットにお味噌をつけてかじります。ウイスキーはニッカのゴールドが用意されています。たしか黒澤さんは、サントリーの広告に出てをられた筈です。お聞きしますと、「実はね、前からニッカが好きだったんだよ」と例のイタズラっ子の笑いです。黒澤さんはおいしいものがお好きで、出されるお料理は素朴でなかなかの味でした。座がようやく寛いだ雰囲気になった頃、黒澤さんは席を立って書斎から原稿用紙を一枚持って来られました。「題名が決まったよ」そこには黒澤さんの字で踊るように『ガラスの靴』とありました。本当は殺人犯の娘である主人公の女性が大金持ちの御曹司と結婚する話ですから、ズバリと主題を表していますし、誰にもわかりやすい題名です。流石と唸りました。感心している私たちに黒澤さんは満足気でした。「これしかありません。この題名を考えついたので本は進みますよ」黒澤さんはとめどなく、ストーリー展開や、セリフや小道具のことまで話されます。私たちも興奮して聞き続けます。いつの間にか夜が明けていました。

ようやく、では寝ますと黒澤さんは立たれました。「おやすみなさい」と申し上げると、ニコッと笑われ「じゃあ、また夕方来てくれますね」です。上岡さんは泊まっていくと言いますが、私は会社があります。眠いのを我慢して東名を走り八時前に東京到着です。早速サウナに入って何時間か仮眠です。昼頃、会社に入って事情を報告して、暫く通わねばならないことの了解を得ました。家から着替えを何点か届けて貰い、また東名で御殿場行きです。前日と同じように黒澤さんは待ってをられます。こっちが睡眠をとったのかどうかなんかは念頭にないようです。ただ、ご自分の思うように動いていると嬉しいようです。こっちもまだ若い時でしたから、結構我慢はききました。それに、黒澤さんとの話は面白くて勉強になり、苦より楽しさのほうがずっと多いのです。その上、座っている椅子は黒田辰秋の手になる樫の木の堂々たるものです。黒澤さんの座っていらっしゃる一番大きな椅子は背もたれが一段と高く、黒澤家の家紋が彫られています。本当に黒澤天皇の玉座という感じがしました。「この椅子とテーブルのセットとあっちの食卓セットは注文してから三年以上も待たされたんだよ」。黒澤さんは、建物よりこの家具のほうが値打ちがあるんだと自慢されていました。借金だらけなんだよと情けない話をされながらも、こんな凄いものを見せられると、やっぱり我々の物差しの外の人なんだとつくづく思いました。夜が更けてちょっと疲れると、黒澤さんはテラスに出られて暗やみを指差され、「運動して、肩をほぐしませんか」と言われます。ゴルフのマットが敷いてあります。黒澤さんの別荘のすぐ隣は富士カントリーの御殿場コースです。黒澤さんもメンバーだということですが、その何番コースかに向かって夜中にボールを打って気分転換されるのだそうです。そんな大それたことなど私に出来るわけはありません。お断りすると残念そうに、「いい気持ちですよ、暗い中にボールが消えていくのは」とおっしゃいます。なんでも朝早くグリーンキーパーが各ホールを回る時に、黒澤さんの打たれたボールを拾って裏木戸から返してくれるんだとか。やっぱり、天下の黒澤さんの面目躍如です。羨ましい限りですが、真似は出来ません。

こうやって、何日も何日も御殿場通いは続きました。黒澤さんは、張り切って脚本を原稿用紙に書きはじめられました。冒頭のシーンは、主人公の若いお嬢さんが自宅の芝生の上で犬と戯れているシーンです。「足が弾む。弾む」と書かれた原稿から黒澤さんの弾む気持ちが伝わってきて、面白い作品になることを確信させてくれました。主人公たちのデートの場所も、黒澤さんのお好きな横浜中華街の「鴻昌《こうしょう》」にしようよと実名で書かれて、嬉しそうにそこのシューマイの説明までしてくださいます。「君に毎日通わせて済まないね。一度君の奥さんに東京に帰ったら御礼を言わなくちゃあね」と気配りまでしてくださる有様です。黒澤さんが書き出されたという報告が木下さんたちにも伝わり、皆さんも一寸安心されたようでした。

然し、その安心が突然引っ繰り返る事態に変わりました。三十枚くらい進んだところで急に筆が止まってしまったのです。「こんな話では僕の今の気持ちは収まらない。ストーリーはあっても、何か世の中に訴えるものがないじゃないですか」。『トラ・トラ・トラ！』の後遺症で睡眠薬を常用されていた影響で、その当時の黒澤さんは躁と鬱の繰り返しだったようです。突然、鬱がやってきたのです。そうなるとすべてが否定的になってしまいます。あんなに生き生きと書いていらっしゃり筆跡も躍動していたのが、判読出来ないくらいの乱れた字体になってきて、直ぐにそれも破ってしまわれます。「少し休みましょう」とご自分から言われて数日中断しました。また立ち直られることをまだ信じていました。

一旦、東京に帰られてお宅で休養されてから、数日後『四騎の会』の総会が開かれました。ドラマシリーズの放映順について再検討することが議題でした。最初の申し合わせでは、一番黒澤、二番市川、三番小林、四番木下と決められていましたが、黒澤さんの状況を見ると黒澤さんを四番にし打順を全く逆にするのが現実的と思われたからです。黒澤さんを責めることなく、木下さんがさりげなく提案されました。黒澤さんは期日が延びるのでホッとされたようですが、「僕はトップでも何とかしますよ」と強がりをおっしゃいます。木下さんはそれでも宥《なだ》めるように「黒澤さんには十分時間を差し上げますから、安心して書いてくださいね」と結論を出されました。木下さんがトップを切られるので、オリジナルで山田太一さんの脚本の『でっかい母ちゃん』が直ぐ準備に入りました。小林さんも、将来映画として公開する含みで井上靖さんの新聞連載小説『化石』を企画として決定され、稲垣俊脚本でフランス・ロケを含む緻密なプランが練られはじめました。『四騎の会』に財政的な余裕がないので、博報堂としては製作費の前渡しをすることを決めました。『四騎の会』のそれまでの赤字を解消するための仕組みを考えてのドラマシリーズですが、博報堂にとっては大きなリスクを背負ってのプロジェクトです。企画の博報堂というキャッチフレーズの手前、どうしても逃げられない立場に追い込まれました。木下さんの要請でなければおそらくお断りしていただろうと思われる危険な仕事でした。

黒澤さんはご自宅で脚本の執筆を再開されました。暫くは我々が横についていない方がよいのではと思ったのです。ところが、期日が先になった途端、さらに筆が進まなくなりました。鬱の時間の方が多くなりました。木下さんは心配でなりません。下手に催促をしても黒澤さんに焦りを与えてしまいます。あの面倒臭がりの小林さんが木下さんの気持ちを察して黒澤邸を訪問され、打ち解けた話をしながら励ますという役割も演じてくださいました。木下さんはテレビの世界をよく御存じですから、契約違反をした場合の影響の大きさを考えると黒澤さんには何としてもやって貰わねばならないと思っていらっしゃいました。小林さんにもそんな木下さんの気持ちがよくわかったのでしょう。その上、お二人とも私が無理矢理担当させられて悪戦苦闘している姿に同情もしてくださったに違いありません。

黒澤さんは外面はとてもよい方です。小林さんの訪問にも大変明るく応対され、必ず約束は果たすからと他の監督にも伝えてほしいとおっしゃったそうです。事実、その数日後には脚本の続きを渡しに赤坂の事務所までいらっしゃり、私や上岡さんと楽しく雑談されていかれました。字にも乱れはなく、謎の結婚祝が届くシーンはサスペンスが秘められて素敵でした。その贈り物が「ガラスの靴」なのです。主題を表す小道具の登場までくれば、後は大丈夫だろうと希望が出てきました。

脚本が進みはじめたので、キャスティングの準備、特に主役の女子大生を演じるのを誰にするかを検討しはじめねばと思い、黒澤さんにご相談しました。「先入観を持ちたくないから」と、黒澤さんは各プロダクションから集めた資料には一切目を通そうとされなく、「この主役はね、品があって誰もがいいお嬢さんだなあと振り向くような子なんですよ」と言われるだけです。かつて『隠し砦の三悪人』でヒロイン役を上原美佐に決定するまでに大変だったことを聞いていましたので、我々サイドで密かに候補を用意しようと上岡さんと動き出しました。ある日、博報堂の壁に貼ってあった医薬品のエイザイという会社のポスターのモデルが目に留まりました。まだ十代の女学生のようで、清純で上品で黒澤さん好みではとピンときました。早速調べると、平田崑という辣腕マネージャーが見つけてきた新人で、島田陽子という名前であることがわかりました。平田氏は彼が芸能界にタッチしはじめた頃から知っていましたので、直に連絡をとって島田君と会いました。まだ高校生で透明感があって清純で、今回の企画にはピッタリと思えました。聞けば、平田氏がマネージメントしている藤岡弘主演の『仮面ライダー』に勉強のためチョイ役で出ているとのことでした。私は平田氏に事情を話し、黒澤さんに使って貰うためには『仮面ライダー』から降ろすように言いました。平田氏も、黒澤さんに若し使って貰えるならと承知してくれました。ただ、黒澤さんにわざわざ面接してくださいなどと言ってもNOに決まっています。そこで、自然な形で黒澤さんの目に留まる作戦を考えました。黒澤さんが赤坂プリンスの事務所に出て来られる時を見計らって、旧館のロビーに島田君を呼んで私とお茶を飲んでいることにしました。上岡さんが黒澤さんをさりげなくお誘いしてロビーに降りてきます。そこで、黒澤さんが私と会っている島田君をどういう捉え方をされるかが勝負です。勿論、平田氏には同席させません。売り込みの気配が見えたら黒澤さんに拒否反応が出るのは明らかです。作戦は見事に的中しました。離れた場所で上岡さんとコーヒーを飲んでをられた黒澤さんが、しきりに島田君のことをちらちらと御覧になっていましたが、その内、上岡さんがこちらにやって来ました。「黒澤さんが今荒木さんと会っているお嬢さんは誰ですか？　と聞いてをられるのですが」。こちらの思う壺です。「知り合いの高校生ですが、芸能界の人から声をかけられたので私に相談に来ているんです」。私は島田君を黒澤さんに紹介もせず帰しました。帰り際に島田君は、恥ずかしそうに一寸黒澤さんに目礼して去りました。ロビーに戻ると黒澤さんは私に「今のお嬢さんはキープしておいてください。なかなかああいった雰囲気の人はいません」「全くの素人ですよ。何の芝居の素養もありませんよ」「そんなものは要りません。大事なのはその人の持って生まれたものなんです」。大変な気に入りようでした。事実、十七歳の頃の島田君は清潔感のある美少女でした。早速、平田氏に結果を話し待機させることにしました。結果として、『ガラスの靴』は実現しなくなり島田君を裏切ってしまいましたが、責任を感じた私はテレビの『続・氷点』の主人公の少女に推薦し、以後、女優としての道が開けていきましたので責任は何とか果たせたと思っています。

こうして、準備が進みつつあったのですが、また脚本が急に進まなくなりました。今度は今までと違って鬱の状況が深く、取りつく島もありません。誰にも会おうともされません。御自宅に籠もって事務所にも出て来られません。時間は切迫してきます。もう、小林さんからでも市川さんからでも、電話に出られない状態です。

遂に木下さんがある夜電話されました。流石に木下さんの電話には出ないわけにはいきません。長い電話だったようですが、内容は誰も知りません。ただ、この『四騎の会ドラマシリーズ』というプロジェクトは、黒澤さんからの要請によって起きた企画です。黒澤さんがテレビをやることに木下さんは当初は危ぶんで反対されていたのを、黒澤さんがわざわざ木下さんのマンションを訪問してまでしてＧＯにした経緯があります。博報堂に引き受けさせたのも木下さんですし、市川さんや小林さんに承認させたのも木下さんです。きっと木下さんは、電話で最初は優しく励まされたのでしょうが、黒澤さんの煮えきらない態度に最後は激しい言葉で怒られたのだと思います。

翌日、博報堂の私のところに黒澤さんから直接お電話がありました。最初から興奮されていました。「君が木下君に告げ口をしたんでしょう。木下君にひどいことを言われましたよ。君は僕たちの長い友情を壊してしまったんですよ」。いわれなき非難に私もカッとして言いました。「全くの誤解です。木下さんとはずうっとお会いしていませんし、お電話もしていません。どこに今いらっしゃるのですか？　直ぐそちらに参って直接お目にかかってお話しします」。私は赤坂プリンスの事務所に駆けつけました。上岡さんが怯えた顔で怒りに包まれた黒澤さんの傍らにいます。「黒澤さんと二人だけにしてください」。上岡さんに部屋から出て貰いました。私には最終的にどう収めるかの見通しはありませんでしたが、今の状況は単なる宥めすかしでは済まないことだけはわかっていました。

「黒澤さんに疑われるなんて誠に心外です。私はこの企画の最初から黒澤さんに対して忠実であることに努めてきました。私は人を裏切ることは絶対にしないように生きてきました。今日は表切ります。はっきりさせたいのです。黒澤さんと今までやってきたことは一体何だったんですか。私は黒澤さんによいお仕事をやって頂きたい一心で毎日御殿場に通いました。どんなに黒澤さんが素晴らしい方かも知りました。お役に立つことを嬉しく思っていました。黒澤さんが今まで多くの人に裏切られたお話も何度もお聞きしました。そんな人々と同じに見ないで頂きたいのです。木下さんも市川さんも小林さんも、誰もが黒澤さんのことを一番と思ってをられるからこそ、今日まで黒澤さん中心のスケジュールを承知されたんです。私は博報堂の社員です。このプロジェクトがうまくいかないと困る立場です。然し、どうしても黒澤さんが出来ないということなら、このプロジェクトを直ちに中止する覚悟をしています。『四騎の会』の結束が崩れるようなことにはしたくありません。どうか、私にだけは本当のお気持ちをおっしゃってください」。何十分か私は一方的に話しました。黒澤さんの目を睨みつけるように一度も目を逸らさないで話しました。涙が止まりませんでした。話終わってお辞儀しました。黒澤さんが表情を緩めて「ごめん」と頭を下げてくださいました。「君や木下君たちに心配かけてしまったね。今日から脚本にかかるよ」。私は無言で深くお辞儀をしました。これで一山越えたかもと思いながら、それでも不安は残っていました。会社に帰ってから木下さんに簡単に経緯を説明しましたが、木下さんはそれでも不安そうでした。

その翌日の深夜、黒澤さんの出来事が起きました。噂では、三井弘二さんと藤原釜足さんがウイスキーをぶらさげて訪問して黒澤さんを激励した後での出来事だったようですが、黒澤さんがどういうお気持ちだったかはわかりようもありません。

ただ、その後の収拾は大変でした。木下さんは果敢に動かれ、『四騎の会』の責任についてご自分の可能な限りの努力をしてくださいました。然し、黒澤さんに対しては決して同情するような姿勢はとられませんでした。それが木下さんの厳しさでした。

ようやく黒澤さんが回復され、ソ連の招請を受けて『デルス・ウザーラ』を撮られることになり、羽田から出発される日が来ました。小林正樹さんから、お見送りに行かないかとお誘いがありました。黒澤さんの新しい出発に私が顔を出すことが神経に触らないかと心配でしたが、小林さんから「こんな機会でないと黒澤さんに会えないし、きっともう大丈夫だよ」と言われてお供しました。羽田のロビーでの黒澤さんは、生き生きとしていらっしゃいました。もうあの鬱は消え失せていました。小林さんに続いてご挨拶しました。「君が来てくれたのか。元気？」「よいお仕事をしてください。期待しています」。黒澤さんはニッコリ笑って握手してくださいました。

やがて作品が出来上がって劇場で拝見しました。好きな作品でした。ソ連でもわがままを貫かれたようですが、黒澤さんのわがままを受け入れられるのはソ連くらいだろうなと思いました。それが作品の大らかさとなって壮大な人間の詩になっていました。

その後、黒澤さんとお目にかかったのは、代々木の第一体育館で、アイスホッケーの「世界最強戦」と銘うってカナダのプロチームとソ連のナショナルチームが対戦した折でした。そのイベントの責任者だった私は、ＶＩＰ席の招待券をお送りしてみました。ソ連大使も来られるので、お顔出し頂ければ光栄と思ったからです。出席のご返事に嬉しくなりました。黒澤さんが元通り世界の黒澤として堂々と現れてくださる。イベントに箔がつくという代理店的な喜びではなく、黒澤さんのお元気さを見られる喜びで一杯でした。黒澤さんの登場は、ＶＩＰのサロンに光彩を放ちました。ＶＩＰの席の中央のソファの真ん中に黒澤さんは当然のように座られます。大使も、政界や財界のトップも、黒澤さんの前ではその他大勢に見えます。柱の陰でその光景を見ながら、私はやっと長年心の片隅にあった暗いものを捨て去ることが出来ました。

それ以後の黒澤さんは、文化勲章、アカデミー賞、そして『乱』で示されたような最愛の息子に抱かれての死と、私にとって正に遠くに輝く星でした。

蔵原惟繕さん

蔵原さんのことは、日活でデビューされてから作品を通じて知っていました。特に『憎いあンちくしょう』は、私にとって印象深いものがありました。日活を退社されてからは数々の大作や問題作を手がけられ、特に『南極物語』の大ヒットは、今なお劇映画における興行収入第一位の座を守っています（編集部注・一九九七年まで。邦画限定）。

そんな蔵原さんにお目にかかったのは平成二年の秋でした。その年、カンヌ国際映画祭にて『死の棘』でグランプリを獲得した私に日本ビクターの丹羽専務からご相談がありました。丹羽さんとは丹羽さんのお嬢さんが博報堂に勤めていた時、たまたま私のアシスタントをしてくれていた関係から知り合うことになりました。その頃日本ビクターは、業績も好調で、ソフトへの投資も積極的に行なわれていてハリウッドの作品などにも参画されていましたので、丹羽さんは映画界でも目立った存在でした。その丹羽さんからのご相談の内容は、高橋治さん原作の『風の盆恋歌』の映画化を私に委ねたいということでした。丹羽さんはかねてからこの原作を映画化したいと思っていらっしゃったのですが、たまたまカンヌ国際映画祭の最中に海岸を散歩している私たち夫婦の姿を見て、帰国したら映画化の相談をしようと思われたとのことでした。それが、『死の棘』がグランプリを獲得したことで一層強くなったようです。丹羽さんは金沢のご出身ということもあって、あの原作への想いは深いものがあると感じられました。

早速、原作者の高橋さんにお電話して状況をお聞きしました。というのも、この原作はそれまでに何度か映画化の話があったことを知っていたからです。高橋さんとは、私が松竹時代に高橋さんの監督作品をプロデュースした旧知の間柄ですから、それまでの経緯について詳しく伺うことが出来ました。高橋さんとしても、この原作が自分の金沢四高時代の思い出を下敷きに書かれたものだけに、映画化は許可するが十分原作者の意図を汲んでほしいとのことで幾つかの注文がありました。その中で、監督として蔵原さんの起用が第一にありました。私も蔵原さんに異存はありません。早速連絡をとりました。

数日後、日活撮影所の録音スタジオで『ストロベリーロード』の仕上げ中の蔵原さんとお会いしました。蔵原さんとは初対面ですが、お互いに松竹で映画人としてスタートしていますので、共通の話題もあって直ぐに打ち解けて話すことが出来ました。蔵原さんは、原作が出て間もなくこの企画を持ちかけられたことがあるので、既に内容については承知されていました。勿論、素敵な原作と承知しているが今日的にどういう映画にするのか、そこをまず話し合いたいと切り出されました。私も原作の挿絵のような形での映画化は考えていませんでしたので、蔵原さんの意向を嬉しく受け止めました。『ストロベリーロード』が仕上がった段階で、改めて話し合うことでその日は別れました。その日から十年以上の長い期間、私と蔵原さんが『風の盆恋歌』という企画に取りつかれることになろうとは、その時は思ってもいませんでした。

私は若い時から、プロデューサーは映画製作の基本構図を持つべきと考えていました。それが荒木事務所という小さな会社の発足の動機でもありました。そのため、従来のような監督主導の映画作りではなく、プロデューサーと監督の共犯関係ともいえる強い結びつきでの映画作りでなければならないとの信念を持っていました。今まで組んだ監督たち、須川栄三さんも森川時久さんも小栗康平さんもはじめは私の主張の強さに驚かれましたが、作品が出来上がった時には納得してくださいました。『死の棘』も、私と小栗さんの方針が定まっていたからこそ、幾多の障害を乗り越えて高い評価が得られたのです。蔵原さんともそういった結びつきでの仕事がしたいと思いました。蔵原さんはフリーでの経験も深く、そのため監督であると同時にプロデューサーの仕事もやってこられました。それが大ヒットにも繋がったことは確かですが、今回の仕事では監督業に徹して頂きたいと考えていました。私の中には、蔵原さんという監督が持っている才能は今までの作品で見たもの以上のものがあるとの確信がありました。蔵原さんは何でもこなす才能があるだけに、今までの作品は巧みにこなしてこられたという印象がありました。大変な条件下の撮影であった『南極物語』からは、プロジェクト映画に取り組む監督の姿勢や努力は十分感じられましたが、そこに監督としての作家性がやや少なく思えたのが残念でした。一度蔵原さんに、監督としての立場だけで作品に取り組んで頂きたい。それが昔から蔵原さんの作品のファンであった私の願いでした。映画製作における雑事は私が背負い、蔵原さんには二人で定めた登頂ルートをひたすら登ってもらいたいと思いました。私たちの課題は雑事をこなすことではなく、作品の内に向けたものでありたいと思いました。きっと私と蔵原さんが組めば、映画人の殆どが途中で爆発的な対立が起きると予想するのでしょうが、私は入り口で二人が理解し合えれば決定的な対立は起きないと信じていました。蔵原さんの今までの作品における予算オーバーの物凄さとか、仕上げにあたっての独走とかは承知の上です。二人が同じ目標に向かい共犯関係で進めば、たとえ問題が起きても二人が同じ立場に立って解決に向かえる筈です。「蔵さんは別だよ、お前さんは甘いよ」と忠告も受けましたが、私には監督とプロデューサーが対立する立場ではないとの信条がありました。きっと蔵原さんも、真正面から受け止めてわかってくださると信じていました。やがて『ストロベリーロード』が完成しました。試写で拝見しましたが、大作として無難な仕上がりにはなっていましたが、もう一つ観客を引っ張るパワーが感じられません。私に言わせれば、プロデューサー不在の作品になっていました。作品の核となるテーマが生きていないのです。各場面はそれぞれでうまく撮影されているのですが、全体としてのインパクトがないのです。予算も大オーバーだったようですが、そういった苦労が作品に反映されていないのが残念でした。失礼かと思いますが、蔵原さんとしては失敗作と思いました。『風の盆恋歌』では、こういった失敗はすまいと思いました。蔵原さんに、〝流石〟という評判が戻る作品にしたいと思いました。

　脚本は、高橋さんは松竹時代の仲間の田村孟さんにしてほしいと思っていらっしゃったのですが、蔵原さんからは野上龍雄さんでやりたいとの意向が出ました。結局、監督の意向を受けて野上さんにお願いしました。高橋さんはこの原作がテレビドラマになった際の脚色があまり気に入ってをられなかったので、田村さんのような鋭さのあるドラマ作りの人ならと考えてをられたようです。私も高橋さんのその思いはわかりましたが、蔵原さんと田村さんとは作風に違いがあるので、蔵原さんと気心が知れている野上さんの方がよいと判断しました。高橋さんは既に田村さんに密かに打診されていた模様でしたので、田村さんに私から直接電話して事情と私自身の判断を伝えました。田村さんとは大船時代からの知り合いで彼の性格もわかっていましたので、回りくどい形で伝わるよりよいかと思ったわけです。田村さんは、自分より野上さんの方が向いてると思うよと理解してくださいました。

早速、シナリオ・ハンティングにと蔵原さんと野上さんと私の三人で北陸に出かけました。主な舞台となる富山の八尾という町は、高橋さんの小説の描写のままの風情のある町でした。高橋さんのご紹介でおわらの踊りや伴奏の名人と言われる方々とお会い出来ましたし、主人公たちの隠れ家にふさわしい家も見つけました。テレビで使われたという町中の八尾地方独特な建物ではなく、私たちが選んだのは坂の一番上に建てられた家でした。映画はどうしても映像が勝負ですから、その家のロケーションが第一です。建物の造りは美術が何とか様にしてくれる筈です。何より坂道が見下ろせる位置にあり、しかも曲がり角の一軒家で横を雪流しの水が流れている……。まだ、脚本が書かれていないのに、私たち三人には絵が浮かびました。ホッとして次は原作のサブの舞台である白山の周辺に向かおうと金沢に一泊しました。まだ、その頃は私と蔵原さん、野上さんは他人行儀で、お互いを探り合いながらの旅でした。話もあたりさわりのないところで止めていました。翌朝、私の運転でホテルを出発した車は直ちに目的地に向かわず、金沢競馬場に向かいました。前夜、新聞で草競馬が開催されているのを知った私は、「ちょっと寄り道しましょう」とお二人を誘いこんだのです。たった三レースしかしませんでしたが、その時間が三人を濃く結びつけました。一見すると真面目に見える上に、手がけた映画にも真面目なものが多かったため、私を彼らは隙のないヤリ手のプロデューサーとしか思っていないようでした。私の無頼の一面を早く見せることが必要でした。白山に向かう車中では、もう三人は共犯関係を成立させていました。冗談も平気で言い、ゲラゲラ笑う仲になっていました。白山の高橋さんの山荘に迎えられた時には三人は全く打ち解けた状態で、それが高橋さんをも気楽にさせることが出来ました。高橋さんから、原作の裏に潜む色々な思いや原作の登場人物のモデルとなった実在の人々のお話も聞かせて貰えました。シナリオ・ハンティングは実際の成果もありましたが、映画作りの中核を担う人間たちの信頼と理解を深める上で効果的でした。高橋さんから、折角北陸に来たのだから、私の推薦する白海老の抜群に旨い富山港近くの「松月」という料亭兼旅館に寄りなさいとご紹介を受け、帰る前日そこに泊まりました。そこの白海老の美味しさは忘れられませんが、それ以上にその夜の三人の宴会は楽しいものでした。お酒をあまりたしなまれない蔵原さんまでが少し飲まれ、私と野上さんは大いに杯を空けました。自然にこれから取りかかる『風の盆恋歌』という映画のイメージを語り合いました。映画の取りかかりの一番楽しい時です。私たちは共通のスタート台に立っていたのです。然し、実際に脚本作りに入ると野上さんは苦労されました。原作者が元映画監督でありシナリオライターでもあったので、原作そのものが既に映画的になっているのです。脚色しようにもイメージが決められていて原作から離れられません。第一稿がようやく出来たのは数か月後でした。とてもバランスのとれた脚本でしたから、印刷して日本ビクターをはじめ関係者にお渡ししました。異論はありません。蔵原さんも気に入られたようでしたが、私にはまだ原作のダイジェストに近く、八十点の作品にはなるが、〝こわい〟ほどの作品にはならないとの読みがありました。原作者の高橋さんからも、やはりこの辺が限度なんでしょうかねとの不満の意が漏らされました。このまま撮影に入るべきかの決断を下しにくいその時に、キャスティングで問題が起きました。主演女優については、ロケハンの時に期せずして我々の全員が高橋惠子でいこうと決めていましたが、主演男優の候補にしていた方が重病になられ起用を諦めざるを得なくなりました。『風の盆恋歌』という作品は季節物で、九月はじめのお祭りの時期を中心に撮らねばなりません。延ばすなら一年待たねばなりません。脚本のこともあったので、私は一年延期という決心をして出資者の日本ビクターをお訪ねしました。日本ビクターの丹羽さんは私の考えを理解してくださいましたが、ポツンと「企業というのは色々な事情が出てくるものですから、今年なら映画に投資する決定は出せるのですが、先のことは読めないことをご承知ください」と言われました。後で考えれば、その時丹羽さんの中にはある予感があったのでしょうが、こちらは自分の納得出来る作品を作ることが出資者への最大のお返しになると思っていましたので、あえて一年延期をお願いしました。結果的によいものにしたいという思いだけでした。それは、『死の棘』の時も一年延期して岸部一徳の主役を松竹に認めさせたことで、あの作品の成果が得られたという前例からの思いでした。社会の動き以上に作品のことを考えてしまう私の判断ミスだったのかも知れません。事実、一年後には日本ビクターは業績が後退し、丹羽さんを含め六人の幹部が退陣され、映画への投資にもブレーキがかかりました。『風の盆恋歌』という作品が世に出るチャンスを見逃した結果になったのですが、私には、映画というものは残るものだから絶対に自分の納得出来ないものは作らないという掟がありました。この延期を生かして脚本にも手を入れて貰い、更にキャスティングについても新たな発想をしてみたいという積極的な意欲が湧いていました。

私は蔵原さんに、脚本の直しについて提言しました。私が松林宗恵監督で製作した『喜劇　ふしぎな國・日本』の時に、松竹側のプロデューサーをしてくださった名島徹さんも一緒に加わってくれました。名島さんは松竹を辞められてご自分のプロダクションを開かれていたのですが、彼のストレートな人柄や判断力とセンスに魅力を感じていましたので、この『風の盆恋歌』でもプロデューサーをお願いすることにしていました。蔵原さんは、当初は野上さんの顔を潰すことになるし、決して悪い脚本ではないのだから自分が預かって私たちの危惧を払拭するからとおっしゃいましたが、私としては、作品が一番大事で、結果がよくなることが参加する者全体の幸せになるのだと説得を続けました。名島さんと構成の練り直しをして、それを基に蔵原さんにこういうテイストの作品にしたいのだということを説きました。蔵原さんも、私たちが目指すものが何かを理解してくださいました。無難な作品にするのではなく、危ういところはあっても凄みを感じさせる作品にしようとの企みに乗ってくださいました。

雪の降る寒い二月の初旬、神楽坂の『和可菜』という旅館に野上さんをお呼びして、脚本の直しのお話をしました。野上さんは座るや「私は直しませんよ。自分でもよく書けたという自信がありますから」と切り口上です。私たちも第一稿がよく書けていることは認めますが、私たちの狙う『風の盆恋歌』は原作のストーリーを思い切って変えてもよいから、華麗なるラブストーリーというよりもっと奥深いドラマにしたいのだと言いました。「そんなことをしたら失敗しますよ」と野上さんはおっしゃいましたが、折角やる以上は失敗を怖れることなく危険な道に挑んでみたいと、プロデューサーにもあるまじき発言もしました。部屋の壁には我々が考えた構成案が巻き紙のように張ってあります。兎に角聞いてくださいと説明をはじめました。蔵原さんも我々サイドにあるらしいと思われた野上さんは、憮然とした顔で聞いてくださいました。説明が終わって、暫く沈黙の時間がありました。野上さんはもともとドモる方ですし、最初の言葉がなかなか出ないのは承知していました。だからといって我々側からどうですかと切り出すことは出来ません。「わかりました。そういう作品にしたいんですね。それなら、直しでは無理です。全部はじめから書き直すということになります。やってみます」野上さんは決然と言い切られました。「さっぱりしました」野上さんは爽やかに受け止めてくださいました。無言でお辞儀しました。蔵原さんもホッとした表情でした。「メシにしましょう」。直ぐに出前を注文しました。お酒もビールも頼みました。山登りでいえば、難所をようやく越えたのです。もう作品の話なんかしないで馬鹿話ばかりです。大いに飲み、笑いました。もう夜が更けた頃、野上さんが引きあげると言われ、それを潮に蔵原さんは疲れたから先に寝るよと引き取られました。私と名島さんは野上さんを送って外に出ました。「もう少し飲みませんか」野上さんの提案でまだ開けている店に入って飲み直しました。「こんなしつこいプロデューサーはいませんよ」と、野上さんは私たちに言いながら、それでも嬉しそうでした。野上さんがトイレに立たれた時、名島さんがつくづく言いました。「野上さんて凄い人ですね」。本物の脚本家の取り組みの姿勢に私たちは感激していました。明け方、タクシーを止めに大通りに出ようとした時、不意に足下がすくわれました。野上さんは雪の中に転ばれました。強い地震です。一層、その夜のことが忘れられなくなりました。天が我々人間の果敢な努力を笑われたのでしょうか……。

第二稿にかかられた野上さんから、書き上がった原稿がＦＡＸで入ります。今度は野上さんの『風の盆恋歌』になっていました。映画だからこそ描ける「風の盆」がそこにはありました。それが、原作を壊すのではなく、原作のモチーフをより高めていました。筆の進みの速さが野上さんのノリを伝えていました。出来上がった脚本は私たちを喜ばせました。「流石だな」と、今更のことですが野上さんの作家としての力量に驚かされました。蔵原さんも大変喜ばれ、演出の意欲はますます高まってきたようでした。原作者にお送りすると早速「よくここまで書き直してくださいましたね。見違えるようです。この本なら私も更にイメージが湧いてきて、色々な意見が出したくなります。ありがとう」といったご返事が届きました。よい脚本が出来たことは、ますます我々のチームワークを強め、共犯関係の楽しさが増しました。

ところが、先に触れましたように、出資社の柱である日本ビクターの状況が変化しました。全額の投資は難しく三分の一ならとのお話です。丹羽さんの後継者の方々も我々に迷惑をかけてはと最大限の努力をしてくださいました。別の出資社の紹介もしてくださいました。然し、映画の企画はそれを言い出した人を失っては、その企画への強い思いを実現しようというパワーはなくなります。当たり前のことですが、企画の欠点部分にばかり目を向けて検討されます。前にテレビドラマになったことがあるとか、対象年齢層が高いことは映画にとって不利であるとか、断るための理由が並べられます。映画というものは、元来その素材の持つ長所を十分引き出すことにより欠点が吹き飛ぶものです。観客に観たいと思わせる根源は、作る人間のその映画に賭ける熱です。それが伝わるからこそ観客は先にお金を払ってくれるのです。決して共犯関係になろうとしない出資社では、製作の段階だけでなく興行や宣伝の段階でもプラスにならないことは今までの経験でわかっています。それでも、何とか製作に漕ぎ着けなければと、ある時は妥協もしある時は我慢もしました。然し、一度ねじれ出すと映画の企画は線路になかなか乗ることが出来ません。よい脚本を抱えたまま、私たちはゼロの地点に戻らざるを得なくなりました。

一旦、製作準備は中断し、待機していたスタッフは解散させましたが、私と蔵原さんは自分たちの気持ちを冷やさないためにも動きを止めませんでした。製作の目処がついた時に製作期間が短縮出来るように、そしてそれが製作費の軽減にも繋がるよう、秋の京都の紅葉や冬の八尾の雪の実写の撮影もしました。風の盆の時期のお祭りの情景も何度か撮りました。蔵原さんの相棒のカメラマンの椎塚彰さんが忙しい時には、高間賢治さんに応援をお願いしたこともありました。椎塚さんが急逝された後には、何人もの日本映画界を代表するカメラマンが手助けしてくださいました。カメラマンだけでなく、照明、美術、録音の分野の名人たちが脚本に惚れ込み、蔵原さんと私に共鳴してくださって殆どボランティアのような形で参加してくださいました。皆が今の日本映画にこういった作品が出来ればとの思いを抱いてくださったからこそです。それくらい我々の企てた『風の盆恋歌』は、作り手の意欲をそそる要素があったのです。それが、日本映画界のメジャーやテレビ局にはなかなか理解出来なかったのは本当に残念でした。私たちに見えているものが見えない。虚しい時間が流れました。

その間、蔵原さんの体調が徐々に弱っていかれるのが私には不安でした。お会いした当時のエネルギッシュさが消え、時に弱々しくさえ感じることがありました。持病の心臓疾患が、長年の過激な監督稼業のため、蔵原さんの肉体の方々に故障を生じさせたのです。そんな事情もあってか、ある年には蔵原さんから低予算でもやってみようとの提案がありました。然し、ある程度までの出資は見えたのですが、芸術文化振興基金の製作助成の申請が却下され、それでは映画としてギリギリの必要要素が満たせないので断念せざるを得ませんでした。前年に申請した時にはＯＫになっていたのですが、その時はある出資社の要望していた女優が主演を断ってきたためその出資がキャンセルとなり、やむを得ず辞退という羽目になったのが響いたのでしょう。同じ脚本のものでも成り行きでそういう結果になることがあるのです。自分たちは絶対のものとして動いているのですが、世の中は相対的なもので事情が変われば結論も変わるということは受け入れねばならない現実でした。小さな個人事務所にとっては、相次ぐ準備の費用は経営にも少なからず影響しました。然し、頂上への登頂ルートを見つけたという自信は私をこの企画の断念という結論に絶対に導きません。いつしか七〜八年の歳月が虚しくすぎていましたが、私と蔵原さんはなおも岩場に取りついていました。勿論、蔵原さんもその間生きていかねばならないので、何本かのテレビドラマの演出を引き受けられていましたが、終わると私の事務所に現れてまた『風の盆恋歌』の話です。時間の経過はますます企画の中身を深めますし、私たちの中で固定したはずの部分的なイメージにも変化が出てきます。より一層、映画『風の盆恋歌』は贅肉をそいだ構成になっていきそうでした。

ある年の夏の始まりの頃、かつて東映にいた吉田達さんというプロデューサーが、日活に入り企画部長の職についたと知らせてきました。彼とは、高校の後輩ということもあり、以前からよく知る間柄でした。「先輩、今度日活の社長になられた中村雅哉さんというナムコのオーナーの方ですが、やたら映画がお好きで、いい企画はないかとご下問を受けているんですが、先輩のお手元に何かこれはという企画はありませんかね?」という問い合わせに、「実は既に脚本にまでなっているこういう企画があるんだけど、一度本を読んでみる?」と軽い気持ちで『風の盆恋歌』の脚本を渡しました。数日後の日曜の早朝、まだ七時前に吉田さんから息せききって電話がありました。中村さんに脚本を渡したところ、今朝早く吉田さんの自宅に中村さんから電話があり「これこそ私が求めていたものだ。すぐ企画者にお会いしたい」と大変な乗り気だというのです。週明け直ぐに日活の本社に来てほしいとのことで、折角のお話ですから、蔵原さんに状況を説明し中村さんにお会いしてみることにしました。蔵原さんも吉田さんのことは前から御存じでしたから、彼なら無責任なことにはならないだろうとおっしゃっていました。最初の会見は、中村さんの後のスケジュールが急に入ったのでご挨拶だけでしたが、二日後ならナムコ本社で会えるとのことで、蒲田から東急線に乗って、暑い中、吉田さんと一緒に出かけました。中村さんは大いに意欲を燃やされていて、当時管財人の管理下にあった日活であってもこの企画は通すと言われました。もしもの場合でも、自分の個人の会社から投資することだって出来るとまで言われました。帰途、吉田さんからも、中村さんがああまで言われるのは、本当にこの企画に乗ってをられるのだから大丈夫でしょうとの観測が述べられました。

然し、私は楽観してはいませんでした。これまでもよいように感じられることはありましたが、結果として失望させられることになったことがあり、映画だけは最終的に私の口座に製作資金が振り込まれるまでは信用出来ません。やりたいと思う人はいますし、お金を持っている人や企業はいるのですが、最後に踏みきる段階で決心がグラつくのは常識のようなものです。その時も、話の運びがうますぎることに懸念がありました。中村さんの絶対にやるという言葉の強さに却って危うさが感じられました。本当に決断する人はその場で結論をはっきり出します。ワンマンと言われる人の凄さはそこにあることを今までの経験で知っていました。本当に映画が好きで映画に賭ける人はその本質に子供の部分が残っているものです。その子供の部分が夢に賭ける原動力なのです、打算や計算はその次に出てくるものです。

然し、この企画にとっては有り難いお話には違いはありません。可能性が出てきた以上、この機会を逃すべきではありません。その上、この企画は九月一日〜三日の風の盆の時期を逸することは出来ませんから、今年の実現には時間があまり残されていません。二日後渡米されるという中村さんに、私なりの今後の準備のスケジュール及びキャスティングの案や予算についての手紙を書き、お渡ししました。帰国後、直ちに打ち合わせに入ることも決めました。もう具体的な事柄になってきましたので、次の打ち合わせには蔵原さんにもご登場願うことにしました。

帰国後の打ち合わせも何故かナムコの本社で行なわれることになりました。蔵原さんと会われて、中村さんは一層この企画に強い意欲を見せられました。自分が製作総指揮というタイトルで作るのだから、キャストについては希望を出したいとのことでしたが、中村さんのイメージの人は過去にも断られた人で、蔵原さんも私も本質的に私たちの『風の盆恋歌』には合わないと思っている人でした。中村さんが脚本や原作を読まれて乗られたのは、物語の華麗さでありメロドラマ的な悲恋のドラマ性だったのでしょう。我々は、それらの要素を超える、奥深く然し酔いしれることの出来る作品を目指していました。そのことをお話ししている内に中村さんも理解してくださるようになってきました。蔵原さんからも、この脚本は、主演の女優は高橋惠子と思って書かれたのだと話されました。然し、中村さんの先入観として、高橋さんはスキャンダラスな事件をかつておこした女優であり、美人ではあるが女性客に逃げられるのではという危惧があったようでした。キャスティングで簡単に決裂することをお互いに避けるために、その日は検討事項として残して打ち合わせは終わりました。吉田さんも交えて中村さんが納得され、また作品としても成功する候補を考えた結果、我々は冒険ではあるが三田佳子の起用を提案してみることにしました。

三田さんはその年、子宮ガンの手術をされお仕事を休んでをられました。お体の状況が許せば、彼女の主人公なら女の激しさ・一途さが出るし、派手さもあると思いました。復帰第一作にふさわしく、きっと三田さんのお役に立ち、作品の話題性にもなると考えました。蔵原さんは以前、『春の鐘』という作品で起用されているだけでなく、それ以後「土佐鶴」というお酒のＣＭを三田さんから頼まれて演出されているという信頼関係もあります。病気という状況であっても三田さんが受けてくださる可能性はあるとみました。ただ、私と蔵原さんとしては三田さんを提案する前に高橋惠子さんにきちんと状況を説明し謝罪せねばならない義務があります。高橋さんはこの企画に起用したいと告げた時からこの役に打ち込んでくださり、富山まで出かけて「風の盆」を見学してくださったり、原作者とも会ってをられます。今更、降りて頂けますかと言える状況ではありません。彼女の持つ役者としての怖さがこの役で生きるというのは私の直感でしたから、企画を実現するためとはいえつらいことでした。三田さんにする場合は、高橋さんの場合より間口の広がった役になります。それはそれで、きっと素晴らしい結果を生んでみせられると思います。映画は一つしか出来ません。我々作り手が、こうするという強い決意を持っていなければ起用する俳優さんに失礼です。

蔵原さんに同席して貰うのは、蔵原さんもつらいでしょうし、三田さんに対しても失礼と考えて高橋さんと私だけがお会いしました。隠しようもないことですから、今おかれた実情を率直にお伝えしました。高橋さんも、その率直さに頷いてくださいました。長い経歴のある方ですし、ご主人が映画監督でもあるのでこちらの立場がよくおわかりだったのでしょう。本当に申し訳ないことでした。最後に「どなたがやられるのですか?」と聞かれたので、三田さんと申し上げると、「三田さんのご回復に役立てばよいですね。三田さんなら」と言われて去って行かれました。その後ろ姿に、謝罪と感謝の気持ちで礼をしました。今でも私には、高橋さんへのその時の申し訳なさが残っています。

私たちは中村さんに、三田さんの可能性があることを報告し結論を求めました。中村さんは、私たちの話だけでは決められない、自分が直接三田さんにお目にかかって健康状態なども確認したいと言われます。それも、今直ぐに三田さんのご都合を聞いてほしい、もしＯＫならこれからご自宅に伺うからと性急に申されます。私は、ナムコの社長室から三田さんの事務所にまずお電話し、マネージャーの小沢さんに事情を説明した上で、直接三田さんにお電話しました。三田さんも事態の切迫を察知されたのでしょう、私たちのために中村さんと自宅で会うことを承知してくださいました。中村さんに私と吉田さんが付き添って直ちに出発しました。私も吉田さんも中村さんの強引さに呆れていましたが、作品の成立のためにはこういう事態にも耐えねばと思っていました。三田さんにも申し訳なく感じていました。三田さんは唐突な訪問にも嫌な顔をされず、中村さんにも堂々と、そして率直にご自分の健康状態やお気持ちを話されました。約一時間の訪問でしたが、中村さんも三田さんと寛いだ話が出来て嬉しそうでした。私も吉田さんもホッとしました。中村さんとお別れしてから二人で「冷や汗をかいたなあ」と語りながら、作品の成立について、より確信しました。蔵原さんにも状況を報告し、三田さんのご好意を伝えました。蔵原さんも中村さんの強引な動きに驚かれましたが、これで事態が好転すればと安堵の声でした。

然し、こういった具体的な動きがあったにもかかわらず、結論はなかなか出ません。「風の盆」の季節も迫ってきます。私は吉田さんを通じて何度も結論を迫りました。日活のおかれている状況や社内におけるこの企画に対する反対の動きもわかっていましたが、中村さんが初対面の時に言われた「自分の個人のお金でもやりたい」というお気持ちや、三田さんに会われたという事実から成立を信じていました。ところが、急に吉田さんが担当を外されるという事態が生じました。私たちサイドに立っていることが理由のようでした。吉田さんとしては、映画界の常識に立って中村さんに対して意見を具申されたのですが、中村さんにはそれが相手方の代弁者に見えたのでしょう。吉田さんの後の担当者のお二人は全くそれまでの事情も御存じなく、しかも中村さんの権威の前に何も言えない有様です。蛇の生殺しのような時間がすぎました。中村さんに直接お会いしたいと申し入れてもかないません。蔵原さんもこれは最悪の状況ではないかと危ぶまれます。私は駄目になってもいいからはっきりした結論を得たいと思い、「風の盆」の実写の準備を中止するかを中村さんに問いました。担当者ではなく専務にお電話し、中村さんから直接私の事務所にお電話くださるように伝えました。事務所には蔵原さんにも来て頂いていました。家内も事態を心配して電話の横に座っていました。何人かのスタッフも待機していました。「風の盆」は数日後に迫っていました。中村さんからようやく電話が入りました。「もう時間もありません。中村さんから直接お気持ちを聞き、GOかSTOPを決めたいと思います」。私の問いに中村さんは、「私は今もやりたいと思っています」と言われます。「契約も結ばれていない状況ですし、実写の費用についても日活から出ていません。不確実なことでスタッフを動かすことは出来ません」「必ずやるようにする考えです。実写はやってください」「本当にやるのですね。私も監督やスタッフ、それに三田さんたちキャストに責任があります」

「実写の費用はそちらで立て替えておいて貰えませんか」「わかりました。信じます。よろしくお願いします」私は電話を切りました。

蔵原さんたちにもやりとりは聞こえていたようです。蔵原さんは実写費用を立て替えることに危惧を示されました。かつて蔵原さんも、同じような状況で立て替えて裏切られたことがあったのですが、その経験と、荒木事務所のその時の経済状況への配慮からだったのでしょう。その時、家内が口をきりました。「私が実写の費用を何とか作ります。折角ここまで来てこっちから止めると言っては負けになります」。家内にとっても『風の盆恋歌』の企画は長い夢になっていました。現地にも行きました。原作者とも八尾の町の方々とも、一緒に語り合ったこともあります。それまでの経緯についても承知しています。ここで殺すわけにはいかないという気持ちからの発言でした。

蔵原さんもスタッフも、家内の気持ちを察して最小限の費用で実写を行なえるように、参加人数を減らし交通費を節約するために一台のロケバスで全員が行くことにしました。宿泊も、徹夜の撮影になるので、富山で仮眠出来る場所を確保してホテル代も節約することにしました。そんな状況を見て、今回は参加を諦めてもらった録音の紅谷さんや美術の菊川さんまでもがギャラはいらないから参加したいと申し入れてくださいました。涙が出る思いでした。誰もが蔵原さんと私を助けて『風の盆恋歌』を実現させてやりたいとの一心でした。スタッフには、この企画が久し振りに出会ったやり甲斐のある仕事との確信があったのでしょう。彼らは皆、日本映画の宝のようなプロたちです。彼らには、脚本から出来上がった作品が見えるのです。それが、更に蔵原さんと私を励ましてくれるのです。

然し、そんな皆の必死の思いも実写が終わって数週間の後に虚しくなりました。海外出張に出かける前に成田へ向かう車の中から蔵原さんのお宅に「監督、必ずやりますから帰国後打ち合わせをしましょう」という電話をかけてこられた中村さんが、帰国後どういう理由か突然止めると言い出されました。それも私に最初にではなく蔵原さんと三田さんに突然自分で電話で通告されたのです。この企画の窓口であり責任者は私であることは承知の上のこの所業は、私には今までの経緯から言いにくいということもあったのでしょうが、監督や三田さんから抗議があっては面倒と思い、突然の一方的な通告で終わらせてしまおうという考えだったと思います。事実、私には直接会って止める理由を述べることも謝ることもなく、終戦の処理は担当者に委ねてしまわれました。然し、私も黙っているわけにはいきません。これまでの交渉過程の細かいメモを基に、事実上の契約があったことを証明する文書を日活あてに送りました。日活側も事実は認めましたが、実写の実費だけは補償するがその他の人件費などは払えないという回答をするだけです。私は、こんな不当なことは許せないと訴訟を起こそうと考えました。然し、蔵原さんから、訴訟しても長い時間と費用がかかるばかりだから、もうこの問題を打ち切った方が精神衛生上よいとの忠告を受けました。実写で立て替えた費用も取り戻さねばなりませんし、一部スタッフに未払いのギャラも年内に支払ってあげたい。日本映画においてはこういった弱者が泣かされることが多々あります。日活と覚え書きを交わし、事態に終止符を打ちました。

平成十四年十二月二十八日、蔵原さんは三年にわたる闘病に破れ他界されました。体のご回復を待ってと思って抱いてきた『風の盆恋歌』は、遂に果たせぬ夢となりました。入院中に気弱になられて「誰か他の人でも起用して結構ですよ」と言われたこともありましたが、私にはそんな気持ちはありませんでした。頂きへの道を見つけたのは蔵原さんと野上さんと私です。映画は、その企画に打ち込んだ人間の気持ちが作品をよくし、客の入りを呼びます。他の人とやっても、形は出来ても魂が違います。

蔵原さんには、プロデューサーとして仲間として、申し訳なさで一杯です。悔しい思いばかりで夢を果たしてあげられなかったことは、たとえその度に出来なくなった理由はあっても己の無力さへの反省がこみあげて来ます。許してください。

ご葬儀はお身内だけで済まされたとのお知らせが奥様からお電話でありました。奥様からも『風の盆』だけはどうしてもやらしてやりたい」とのお話が何度もありましたので、胸が潰れる思いでした。謝ってもその言葉は虚しいだけでした。

「蔵原惟繕さんとのお別れ会」を開いて故人を偲ぼうではないかとの呼びかけが映画人やテレビの仲間からありました。私も世話人になることで打ち合わせに出ました。その席で、発起人に日活の社長の中村さんの名前がありました。かつて日活という名前の会社に在籍された蔵原さんですし、会への寄付もお願いしてあるとのことです。私は中村さんと名前を並べて蔵原さんとのお別れの会に参加することは出来ません。一寸、座が白けかかりましたが、名前を削除して頂きました。

お別れの会は、蔵原さんの人徳と世話人や幹事の方々のご努力で素晴らしい雰囲気の会になりました。在りし日の蔵原さんのダンディな写真が皆に話しかけるようでした。会場の片隅で私は蔵原さんにはやはりこういった晴れの場が必要なんだと思いました。最後は奥様のもとで静かに眠られ幸せでしたが、やはり蔵原さんは日本映画全体の宝でした。皆の心の中でも蔵原さんはきっと長く生きていかれるでしょう。私も自分なりの蔵原さんとの思い出を抱いて、時おりそっと話しかけたいと思っています。

須川栄三さん

ゴルフは時として友の輪をひろげます。須川さんともゴルフ場で知りあいました。彼は井上和男監督たちと相模カンツリー倶楽部のメンバーでしたから、そんなご縁でまず知り合い、直ぐに我々プロデューサーたちのコンペにも参加されるようになり、親交は深まりました。須川さんとは同じ年（昭和五年）生まれで、過ごしてきた時代も重なっていたため、性格は違っていても、結構話は合いました。彼は東宝出身でしたから、松竹出身の私とは知りあう前は仕事での接点はありませんでしたが、彼の奥様が女優の真理明美さんという松竹の『モンローのような女』でデビューされた方で、しかも公募の時に私が推薦の橋渡しをしたこともあって、お会いした時、あの真理明美さんのご主人はこの人なんだと改めて認識したものでした。東宝でのお仕事は、『野獣死すべし』の鮮烈な演出だけでなく、文芸物、喜劇、ミュージカルと幅広いジャンルでの活躍から、プログラムピクチャーの優れた監督との印象を持っていました。

私が親しくなった頃は、もう東宝を大分前に辞められていて、フリーの立場で映画監督のお仕事よりもテレビでの脚本家としての活動が主でした。温厚で一寸話しはじめに口ごもられるのが誠実な人柄を表していました。ゴルフの方もお人柄がそのままで、丁寧にフォームを点検されて打たれるのですが、その結果は須川さんの努力を裏切ることが多く、仲間にとってはよいお客さんでした。それでも、時に神は彼を救われることがあり、突然好成績で上気した顔で賞品を受けられる嬉しそうな表情は忘れられません。

そんな関係だった須川さんに、ある日、ゴルフが終わって帰ろうとしていた時に真剣な顔で呼び止められました。「これ、ずうっとやりたくて、あっちこっち持って回っているんだけど、一度読んでください」と『螢川』の脚本を差し出されました。その頃私は、博報堂に勤務していて、どういう風の吹き回しか映画プロジェクトを担当していて、『東京裁判』、『風の谷のナウシカ』、『ビルマの竪琴』などを手がけていましたので、或いは何らかの道が見つかるかと考えられたのでしょう。

自宅に戻ってすぐ渡された脚本を読みました。若い時に松竹の大先輩から、預かった脚本は速やかに読んで、その感想なり対策について脚本家に可能な限り早く伝えることと教えられていました。実際に自分も脚本を書いたことがありますので、そのマナーは守るべきと思っていました。須川さんからの『螢川』の脚本は一気に読めました。今までの須川さんの作品経歴にはないものが見え、きっと素晴らしい作品になるということが感じられました。須川さんのこの企画に対する強い執着がわかりました。その夜、須川さんに早速電話しました。反応の早さに電話口の須川さんは驚いていらっしゃいました。私は、この企画が今まで色々な人々によって動かされていたことは承知しているが、それらのいきさつをすべて白紙に出来るかを尋ねました。ちょっと口ごもっていらっしゃいましたが、大丈夫ですとのお答えでした。翌日お会いすることにしました。

丁度その頃、私は博報堂に辞表を提出したところでした。この企画は、博報堂で実現するのは私としては困難と思われましたが、自分がこれから手がけたい作品と思えたのです。私には資金を出してくれる可能性を持った人物がいました。キネマ東京の代表の高橋松男氏とは、彼の映画界への進出当初からの知り合いです。私は彼の、従来の映画人にないストレートさに惹かれてアドバイザーのような立場で彼の企画を助けてきました。彼が最初に手がけた『典子は、今』の展開に始まり、博報堂時代には『ビルマの竪琴』の企画成立を助けただけでなく、製作にも参加し大成功を収めました。彼なら私の推奨する企画に必ず乗ってくれるという確信に近いものがありました。

須川さんに、脚本を読んで何とか実現したいと思った、よい脚本ですねと申し上げると、とても嬉しそうで、しきりに企画の当初からの苦労を話されました。私は、今後の見通しを具体的にお話ししました。私は回りくどい言い方は出来ませんので、ストレートに自分なりの構想をお話ししました。資金を出して貰えそうな人物は須川さんの今までの映画製作の経歴の中では出会ったことのないようなタイプの人であるが、今の映画界ではそういったタイプの人以外ではこの企画を成立させることは出来ない。最初に念を押したように、過去の経緯は全部白紙に出来ないと、新しい出資者に話は取り次げない。映画は作る主体が一本でないとうまくいかない。船頭が多くては方向を失ってしまう。大変口幅ったいようですが私に委ねて頂けますね？とはっきり念を押しました。須川さんはあまりにも正面から言われたので戸惑われたようでした。どなたかに相談してからと思われたようでした。私は、これは須川さん自身の問題です、今ご自分で決断してくださいと申し上げました。須川さんはやっと決心がつかれたようで、私にすべてを委ねると答えてくださいました。別れる時、須川さんから「荒木ちゃんて、穏やかそうに見えるけど激しいんだね」と呆れられました。こうして背負った以上は私に実現の責任があります。直ちにキネマ東京の高橋さんにお会いして脚本を渡し、私を信じて出資を考えてほしいと頼みました。映画会社やテレビ局、広告代理店などに出資は期待出来ないタイプの作品だからこそ貴方に頼むのだと率直に話しました。高橋さんは迷わず、「荒木さんが言うんだから、信じましょう」と言って自分にも共同出資者のアテがあるから、明日にも返事しますと約束してくださいました。

翌日、高橋さんから、加藤さんという不動産関係の友人が共同出資を承諾してくれた旨の返事がありました。須川さんに連絡すると、「本当ですか」と、あまりの早さに喜びより驚きの様子でした。直ぐに高橋さんと加藤さんに須川さんをお引き合わせしました。脚本を読ませて頂いてから一週間も経っていません。企画が成立するなんてそんなものです。

それからは、高橋さんのキネマ東京が中心になって『螢川』の準備が始まりました。まだ博報堂に在籍していた私は企画のタイトルにおいて、後見人の立場で、監督とプロダクションの双方の相談に乗ることにしました。ところが、私が博報堂を辞める直前に突然前立腺が悪化して緊急手術をせねばならなくなり、その手術が予想を超えた難手術になって予後が長引いたため、『螢川』のクランクインは私不在のままで行なわれました。雪の場面があるため待てない状況だったのです。

　ようやく動けるようになった二月初旬に、高橋さんに頼んでそれまでの撮影済みのラッシュを見せてもらいました。見終わって直ぐ、私は須川さんに話したいことがあるのでロケ先の富山へ行きたいと申し出ました。ラッシュを見て、私には気になる点がありました。それは、脚本に書かれていないカットがわずかですが増やされていたことです。あの脚本を信じて高橋さんたちに出資を勧めた私にとって、それは須川さんの背信と言えることです。私は須川さんに脚本を変えないでほしいと言ってありました。ともすれば監督は現場の空気に乗ってしまって部分的な工夫を加えることがあります。然し、そのことが、その部分にとっては素敵であっても、作品全体にとってはマイナスになる場合があります。プロデューサーという立場はその作品全体を客観的に一番見ている存在ですから、その承認なしに監督が脚本を演出上の理由で勝手に変えることは許せません。私は従来の日本映画における監督への全面委任の映画作りを否定してきた人間です。ましてやこの『螢川』は私の個人事務所の最初の作品ですし、企画成立までの過程からも自分の信念は曲げられません。

　須川さんは、私がロケに現れたのは陣中見舞いと考えて嬉しそうに迎え、それまでの撮影の苦労などを現場で話してくださいました。私は、夜二人だけで話す時間がほしいと言いました。その夜、私は激しく須川さんに脚本との相違を指摘しました。須川さんは、監督の立場でよりよくしようとしたのだからと弁解します。勿論、須川さんが悪意をもってやったのではないことは承知しています。ただ、私が脚本に乗ったのはその素直な語り口です。須川さんの工夫された部分は小手先のテクニックです。それまでの東宝だったら「うまいね」と褒められる技法でしょうが、そのことが作品の持つ品位というか大切な味を壊すことになるのです。須川さんとこの作品に取り組もうと決めた私には、『螢川』は自分の作品でもあると思っていました。須川さんと堂々たる共犯関係でなくてはなりません。須川さんは私の激しい怒りに当惑していました。自分のことを何故信じてくれないのかと不満そうでした。私は、自分がどういう立場、どういう気持ちで言っているかを言い張りました。場合によっては、高橋さんに詫びて撮影を中止するもやむなしと思っているとまで言いました。須川さんもようやく私の怒りの根源がわかったようでした。ある部分は撮り直しをすることを了解されました。小さい部分では私も妥協しました。須川さんは、十年以上のブランクの上で実現したこの『螢川』という作品を、よくしたいという一心で力を込めて取り組んでいました。それが却ってマイナスになっていると私は思いました。映画は作者が力を込めすぎると観客が白けたりすることがあります。熱がなくてはいけませんが、ありすぎてもいけないのです。

そのことがあってから、須川さんは私の意見を素直に聞いてくださるようになりました。あるシーンで、三國連太郎の演技が乗りすぎていることを指摘して、カットしたらどうかと提案しました。三國さんの演技は、そのシーンだけでは凄い迫力があるのですが、それだけに三國さんの独演会になって全体のバランスを崩すと感じたからです。須川さんはオールラッシュの時にそのシーンを外されました。全体を繋いだ時に私の提案の意味をわかってくださったようでした。三國さんが怒って監督のところに来られましたが、私と二人の意見が確固としているのを知って了解されました。

『螢川』は、雪で始まり蛍で終わる作品です。特に最後の蛍の乱舞するシーンは映画化する時に困難が予想されました。今とは違ってCGなんてない時代です。特殊撮影のスタッフが試行錯誤を繰り返しながら、やっと完成しました。苦心の甲斐あって、特撮が観客の心を揺さぶるという今までの映画では考えられないラストが得られました。予算的には当初の枠から大きくはみ出してしまいましたが、高橋さんも加藤さんも最後まで見捨てずに辛抱してくださいました。普通の映画の出資者だったら途中でどんな態度に出られるかわからない状況でした。腹をくくった出資者の度胸には今でも感謝の気持ちで一杯です。

公開は松竹の洋画番線で行なわれました。地味な作品でしたので、その後のテレビ放映やビデオ販売を含めても出資者の回収は無理でしたが、日本映画の本領が久しぶりに発揮された作品として今日まで評価は高く残っています。優秀映画鑑賞会の年度ベストワンにも輝きました。公開が、ロケーションをした富山だけが先行して十一月で、全国公開は翌年になったという年をまたいだ興行だったため、各種映画コンクールでは不利でしたが評論家の間でも須川栄三が久々に傑作を作ったと認められました。須川さんの面目は立ち、私も彼の役に立ったことが嬉しく、特に独立した最初の作品が『螢川』であることは荒木事務所のアイデンティティーを示せて誇らしく感じました。

ただ、須川さんの監督料は、予算が大オーバーだったことから高橋さんから我慢してほしいとの申し出であり、須川さんも事情を考え、ある程度で了解されたようです。ちょっと不満そうで須川さんは私に愚痴をこぼされましたが、私はフリーでの仕事ではやむを得ないことと思うと宥《なだ》めました。自分のやりたい企画が実現し、しかも思う存分の仕事が出来た上に素晴らしい作品が残せたのだから、お金の問題くらいは我慢してほしいと言いました。須川さんはそっと私に、企画料は貰えたかと尋ねました。私は、一文も貰っていないし要求するつもりもないと答えました。事実、裏の事情を知っている私には、高橋さんたちの誠意に対しても言い出せないことでした。

数日後、須川さんは、アイズピリの大きな版画を抱えて私の事務所を訪ねてみえました。私の貢献に対する自分の気持ちであると言われます。私が私心を捨てて『螢川』に取り組んだことがわかってくださっての贈り物です。私にとってそれは金銭を超えた喜びでした。南仏の明るい色調の港の絵は、その日から荒木事務所の壁に飾られ、私に励ましと癒やしを与え続けてくれました。そして、事務所を閉じた今は、自宅のリビングを彩ってくれています。

『螢川』という作品を経てから、須川さんと私の気持ちはぐんと近づきました。もうお互いにストレートに話が出来るようになりました。家族ぐるみの交際にもなりました。ゴルフも他の仲間二人と一組だけのプライベートなプレイをしました。また、私がそれまで受け持っていた小林正樹さんのゴルフ行きの運転手の役も須川さんが引き継いでくださいました。私が小林さんとの交わりが一寸遠ざかったのと、小林さんが須川さんの入っていらっしゃった相模GCに入会されたからです。その上、お互いにお住まいも代田と梅が丘でご近所でしたから、小林さんも気楽に頼めたのでしょう。晩年の小林さんのゴルフは往年の「鬼」のゴルフではなかったので、須川さんとの穏やかなゴルフがふさわしかったのだと思います。

そんなある日、私ども一家のプライベートな問題で須川さんのお世話になる事態が起こりました。私の一人娘の美也子の結婚披露宴の司会者に、須川さんのゴルフ仲間である城達也さんをお願い出来ないかとの依頼に、須川さんは快く紹介の労をとってくださいました。城さんの司会はその定評のある素晴らしい声だけでなく、格調ある運びで宴を気品ある雰囲気にしてくださいました。列席してくださった皆様からも、流石とお褒めの言葉を多数頂けました。娘の一世一代の晴れの時を飾れて、親として嬉しい限りでした。その城さんも須川さんも、今はもう亡き人と思うと人生のはかなさをつくづく感じます。

須川さんが次の企画の相談に来られたのは昭和六十四年の春だったと思います。例の通りちょっと口ごもってから、実は山田太一さん原作の『飛ぶ夢をしばらく見ない』をやりたいと思うと言い出されました。出版社の新潮社の話では、山田さんは「この原作は映画にはなりませんよ」と言われているとのこと。そして、松竹時代に山田さんを知っている私から打診して貰えないかとの話でした。製作費は、須川夫人のやってをられる「海味」というお寿司屋さんのお客さんで、化粧品会社の社長さんが出されるとのことです。丁度バブルの最中で、日本中が好景気に沸いていた頃ですから、そんな話も不思議ではありませんでした。

山田さんとは、大船時代から木下組とか吉田組でのお付き合いがありましたので、お電話するのは何でもないのですが、山田さんが映画にはなりませんよと言われているのなら、あの山田さんのはっきりした決断を解くのは大変だなと思い、私には珍しく、二、三日躊躇していました。ところが、偶然アオイスタジオに出向いた時、当の山田さんに出くわしたのです。面と向かっての話のほうがよいと、山田さんを呼び止めて「実は……」とお話ししました。山田さんはいつもの通りきちんと私の話を聞いてくださいました。「荒木さん、あれは映画にはなりませんよ」「でも、須川さんが是非にと言っているんですよ。研究させてくださいませんか」「須川さんはよいお仕事をされてますし……荒木さんがやられるというのなら」。山田さんは一応脚本にしてみるまでの作業を許してくださいました。山田さんとしては、その少し前に映画化された『異人たちとの夏』という作品が世間では評価されたのですが、ご自身としてはもう一つという感じだったようで、異次元の世界を映画という具体的に見せるものでは表現しにくいとの思いを持ってをられたようでした。「あんまり立派な映画にしないようにしてくださいね。ほらB級の、ちょっと変な味と匂いのするような作品になるといいんですが」。山田さんの言わんとするところは何となくわかりましたが、真面目な須川さんがどう受け止められるか心配でした。山田さんは原作料についても、脚本が出来て自分がＯＫしてからでいいと寛大な計らいをしてくださいました。それだけに、須川さんの脚本に大きな責任がかかってきたのです。

第一稿から第二稿と須川さんは山田さんと連絡しながら進められましたが、なかなかＯＫが出ません。あの原作はあり得ない話ですから、物語の嘘を観客に納得させようと努めれば努めるほどボロが出てくるのです。須川さんは東大出の秀才ですから、つい答案に隙のないようにと考えます。映画というものは平気で嘘を本当のようにしゃべるものです。監督のペースに観客をまず巻き込んでしまうことが大切です。黒澤さんだって木下さんだって、平気で観客を引っ張っていきます。須川さんの誠実さが、この原作の嘘を映画の中で嘘としない面をもたらしていることは明らかでした。はじめに山田さんの言われたＢ級の作品にしてくださいという注文も、ヌケヌケと嘘を平気でつける姿勢でということです。私からも須川さんにやや具体的に直しのポイントを提案しました。第三稿が山田さんのところに送られて間もなく、山田さんから「この辺が限界かも知れませんね」とお電話があり、新宿で三人で会うことになりました。山田さんは須川さんの熱意と努力に遂にＯＫを与えてくださいました。まだ危惧を感じていらっしゃるのはわかりましたので、私は出来上がった作品で納得して頂かねばと責任を改めて感じました。

いよいよ製作準備ですが、ここでまた問題が生じました。須川さんから出資者の方には当初一億二千万円の製作費で出来るとの話がいっていたのですが、その枠では到底収まらないことは明らかでした。須川さんは、テレビの二時間物が約五千万円で出来るのだから、このくらいのスケールなら一億ちょっとあれば簡単に考えていらっしゃったようです。事実、ベテランの製作担当の方にも相談されて、可能との答えを得ていらっしゃいました。然し、テレビと映画の本編とは予算の基礎が全く違います。スタッフの人件費も撮影日数も違いますし、全部がロケーションでやれるような脚本の仕組みにもなっていません。結局、須川さんと私が出資者の方とお会いし、総額で一億八千万円はかかるので出資者側で一億五千万円まで負担して頂けないか、残りの三千万は須川プロダクションが出資するという案をお話ししてＯＫを貰いました。

この企画を須川さんが持ってこられた時には、「今度は荒木ちゃんに儲けて貰いますよ」と言ってをられましたが、ご自分までが出資される話になったので儲けるどころではなさそうになりました。事実、準備が始まると、監督としての要求の方が出資者の須川という立場より上回り、ああもしたい、こうもしたいとなって予算は膨れるばかりです。その上、須川さんの目論見として、今度は古巣の東宝で配給して貰いたいということで、撮影所は砧《きぬた》になりました。昔の仲間がいるから予算上もいろいろ便宜を図ってくれるということでしたが、もともと東宝撮影所は他よりすべて高いところですから、そうもいきません。私がキャスティングで浮かした予算はたちまち現場の費用に消えていきました。

キャスティングについても、当初、私と須川さんではイメージに相違がありました。須川さんは割とまともにキャスティングしようとされていましたが、作品の色合いから無難なキャスティングでは面白くありません。結局、私の考えを受けて主役に細川俊之と石田えりを起用しました。特に、石田えりの持つ独特の凄みと、細川俊之の雰囲気と声の質がこの作品にとって大切と思いました。どこか不良性が感じられることを狙ったわけです。結果として石田君は、日本アカデミー賞の最優秀助演女優賞やアジア太平洋映画祭の主演女優賞を貰えましたので、思い切った起用は成功でした。

この『飛ぶ夢をしばらく見ない』の撮影中は、丁度小栗康平監督の『死の棘』の撮影と同時期で、一方は東宝撮影所で一方は大船撮影所と、私はかけもちの状態でした。小栗作品のクランクインが一年延びたための出来事です。小さな事務所をはじめた時には、一本ずつ丁寧に、作品に出来るだけ密着して作りたいと思っていたのですが、現実はそうはいかなかったわけです。監督というのは大体が嫉妬深いものです。二人の監督に「今日はこちらに来て頂けたんですか」と嫌みを言われます。愛人の間で苦労するのならまだ我慢が出来ますが、おっさんたちの嫌みは捌《は》け口もありません。まあ、この映画受難の時代に自分の責任での作品が二本も作れるなんて幸せなんだと、自分に言い聞かせるしかありません。

『飛ぶ夢をしばらく見ない』は、物語の奇抜さが従来の日本映画とは違うことから、製作の当初から外国の映画祭に出すことを計画していましたので、ベルリン国際映画祭のコンペに申し込みました。製作スケジュールからは、ギリギリ間に合うという状況でした。先方からは、大変面白い素材で作品的にも評価するが、一シーンにポルノ的な部分があるのでそこをカット出来ないかという問い合わせがありました。B級の匂いをわざとさせたシーンです。須川さんと相談してカットすることを断り、パノラマ部門に出品することにしました。

実は私の本心は、出品をやめる方がよいという気持ちでした。それは、その時点で作品の出来上がりに不満が幾つかあったからです。ベルリンに間に合わせるというのが目標でしたから、仕上げに時間が取れません。編集や音楽についても黙認せざるを得ない状況だったのです。初号試写を見た時には、正直悔いが残っていました。スタッフの手前は良かったという顔をしていましたが、須川さんには仕上げのやり直しを提案しました。然し、須川さんには、まだ仕上げたばかりですからこれでよいという信念があります。その上、出資者にはベルリンに出品するという報告がしてあります。出資者へのマナーからも、ベルリンを捨てるわけにはいきません。須川さんはベルリンに旅立たれました。ベルリンでも結構好評だったので、その後、沢山の映画祭から出品要請がありました。特にモントリオールからは、以前に『螢川』を出品したこともあって、是非との話でした。

ベルリンから須川さんが帰られて、現地の反応などのお話を聞きましたが、私の心の中にある仕上げをやり直したいという願いは消えません。ちょっと手を入れればもっとよくなるという確信がありました。三分ほどカットして、一部分の編集をやり直す。音楽を相当部分新たに作曲し直して貰い、きっかけ風の挿入箇所を何か所かなくし、全体的に説明的でないようにする。具体的な直しのプランを須川さんに示しました。『螢川』で経験しているので須川さんも意地を張らずに素直に対処しようとしてくださいましたが、日本の監督の常識からは、試写も終わり映画祭にも出品したのに、今更直すなんて面子にかかわることです。それに費用もかかります。私はその費用を負担することも申し出でました。ようやく須川さんもやり直す方が作品にとってよいと判断してくださいました。作曲家もそういう方向なら協力すると言ってくださいました。

新しい編集のものが出来たことを山田さんにお知らせして、再度観て頂くことにしました。観終わった山田さんは「ちょっと飲みませんか」と誘ってくださいました。そこで、素晴らしく直っていると喜んでくださいました。最初の試写の時には浮かべられなかった晴れ晴れとした表情でした。ホッとしました。やっと責任が果たせたのです。須川さんも嬉しそうでした。山田さんと別れた後、二人は更に飲みました。監督とプロデューサーが二人の作品をようやく仕上げたのです。

モントリオールにも、この版で出品出来ました。終了後、観客が大拍手してくれました。須川夫妻や出資者も参加されて、その反応に喜び合うことが出来ました。更に、ブリュッセルの国際ファンタスティック映画祭ではグランプリも獲得出来ました。アジア太平洋映画祭では先に記しました石田君の主演女優賞とともに特別賞も頂きました。真面目な日本映画の中にこんなに奇抜な作品がちゃんと存在するのだということが示せて嬉しいことでした。

然し、作品の評価とは別に、この作品は公開にあたって大変な苦労がありました。当初須川さんは東宝の配給を願ってをられ、その見通しもあるとのことでした。然し、最初の試写を観ての東宝サイドの反応はもう一つでした。須川さんと同期入社の、興行担当の石田さんも乗ってくださいません。かつて在社された会社の冷たい反応に須川さんも落胆されました。そこで、『螢川』の配給を引き受けてくれた松竹に私が相談に行きました。松竹には既に東宝の反応は入っていたようでしたが、昔馴染みの面々が『螢川』に作品的な高い評価を持っていてくれたことと、私への応援の気持ちから東劇系の洋画ロードショーを用意してくれることになりました。ただ、条件としては宣伝費やプリント費など、所謂P＆Aを製作側が持つ形にしてほしいという申し出でがありました。リスクは背負いたくないというわけです。こちらも、その代わり配分の比率は製作側に有利な契約にしてくれと切り出しました。こうして条件も詰まったところで、私は出資者に説明しました。P＆Aが約一億円という見通しに、出資者もそのくらいは覚悟しますと約束してくださいました。ただ、松竹としては、出資者との契約ではなく窓口は荒木事務所でなくては困るということで、配給契約の当事者は荒木事務所となりました。

やっと公関も決まってホッとした時、新聞に富士銀行赤坂支店の不正融資の記事が大きく報じられました。バブルの崩壊の口火を切った事件です。その不正融資を受けたメンバーの中に出資者の名前もありました。ワンマンの出資者が逮捕拘置された以上、彼のした約束が履行される見込みはありません。松竹が荒木事務所と契約したことは適切な処置でした。結果として、P&Aの補填のためテレビに放映権を先売りしたり、ビデオ販売の利益からの穴埋めをせねばならなくなりました。今までの須川さんと私の信用と知己によって、それらも好意的な扱いで金額的には業界の常識以上になりましたが、それでも全額を満たす額にはなりません。結局、荒木事務所が残額を背負い込むことになりました。

須川さんも自分のプロダクションから出資されていましたが、回収は見込めません。企画の当初に「今度は荒木ちゃんに儲けて貰いますよ」と言ってをられた手前、須川さんは私に詫びてくださいましたが、どうすることも出来ません。プロデュースについては精通していても結果はこんなことになるのが映画の難しいところです。題名通り「飛ぶ夢」というわけです。また須川さんは脚本家の仕事に戻って、大作映画や連続テレビドラマを書きまくることになりました。新しい映画の企画どころではありません。私の方も、例の小栗監督の『死の棘』がカンヌ国際映画祭でグランプリを取ったことに続いて各種映画賞を得たという朗報はありましたが、製作費のオーバー分の負担など金銭的には大変な状況でした。一年間で世界の映画祭で二つもグランプリを頂いても、ゴルフ場の会員権を三か所売らねばなりません。ハリウッドならビバリーヒルズに邸宅を構えられるのにとボヤいてばかりです。賞状やトロフィーは沢山頂きましたが、銀行の抵当価値はゼロです。おまけに賞を貰う度にお祝いのパーティーを開かねばなりません。お祝いに来てくださった方々の熱い握手だけしか返ってきません。ああ、グランプリは結局シランプリなんだよと自嘲するばかりでした。

そろそろ須川さんと次の企画をと話しはじめた頃、須川さんが日本映画監督協会の健康診断で喉にポリープがあるとの警告を受けました。除去するための簡単な手術をするということで私は楽観していました。事実、退院後は元気でした。早期発見で良かったとご本人も安心されていました。然し、国立医療センターの放射線科に検査入院してから、病状は好転するどころか悪化していきました。医学のことはわかりませんが、適切な処置であったのか今でも疑いたくなるような推移でした。日々衰弱が加わっていきました。何とか元気になって貰いたいと、そっと転院も勧めましたが、須川さんは優等生の面がありますので、先生に任せた以上はと聞き入れません。彼に生きる強い気持ちを持って貰えればと、キネマ東京が破産してからテレビ放映されることがなくなっていた『螢川』を、関係者を回って折衝した結果、NHKでの放映を八月に決めることが出来ました。放映は看護師さんたちにも伝わり、須川さんも喜んでくださいました。

然し、十月二日の早朝、須川さんの奥様からのお電話で訃報が入りました。直接の死因は心臓麻痺でした。ガンという残酷な病気で長く苦しむことなく亡くなったことを、良かったと思おうと自分に言い聞かせましたが、残念でなりませんでした。これからも一緒に映画を作り続けたかった監督でした。私のプロデューサーとしての流儀をやっとわかって頂けた数少ない戦友でした。

奥様から、万一の場合は荒木ちゃんに相談して、葬式は無宗教でやってほしいとのことをお聞きしました。彼の多くの友人や先輩のご協力があって、何とか彼の意思が通った形になりましたが、無宗教という形式には色々と反対のご意見もありました。遺骨も散骨してくれとのことでしたが、やはりご遺族やご親戚などのお参りの対象も必要かと考え、「映画人の墓碑」に遺骨の一部を納めました。多くの映画人と一緒ですし、やがて私も入ります。

ご葬儀後、暫く経って「須川栄三さんを偲ぶ会」を松本楼で催しました。内輪だけでご葬儀をしましたので、この会には須川さんの人徳を表すように実に二百五十もの人々が集まってくださいました。どの人も須川さんのありし日の人柄を偲び、遺された映画作品を賞賛し、ゴルフでのエピソードを語り合いました。幹事役の私としては盛会になったことを喜ぶべきでしたが、会場に飾られた須川さんの遺影を見ると虚しさが込み上げてきました。同じ昭和五年生まれで誕生日も近い彼がもういない。人生の残酷さは承知し、それを土台に悲劇や喜劇を作ってきた私ですが、本物の別れの虚しさは形容しがたいものでした。

時に「映画人の墓碑」に詣でる私は、須川さんの好きだったウイスキーをポケット瓶に入れて行きます。小さな蓋に入れたウイスキーを供え、次に墓碑の裏の彼の名前を指先にウイスキーを湿らせてそっとなぞります。そして残ったウイスキーを飲み干して、サッと引き上げます。口の中に彼との思い出が残っています。彼のはにかんだ笑顔が、真剣にカメラのレンズを覗く姿が、ゆっくりとした独特なゴルフスイングが……。合掌。

III

『東京裁判』

私が手がけた作品は数多くありますが、『東京裁判』ほどその思い出を語るのに楽しくない作品はありません。作品としては世界に誇れるだけの堂々たる内容のものですが、他の作品のように思い出を辿っていって浮かんでくる楽しさがないのです。それは、作品が持つ重さからくるものではなく、作品の成立から製作の過程、そして作品の完成、公開、テレビ放映、ビデオ発売、再上映とどの局面においても、何か納得のいかない問題が常にあったからです。その裏話は、私の胸の中にしまったままにしようと長い間思っていました。裏話を明かすことは何人かの人々の嫌な面を言わねばならないことになり、今更そんな話を残しても私にとって胸が晴れるわけでもないからです。然し、真相をはっきり残さねば、あの作品を世間が評価している「日本映画人の誇り高き真実への追求の賜物」という立派な話だけが残ってしまいます。『東京裁判』が徹底してあの裁かれた時代を幅広く解明した作品だけに、それに一番深くかかわった私が、映画『東京裁判』の製作の真相を真正面から裁くことが、作品が今後見直される時に必要と思いました。従って、重い気持ちを励ましながら何とか語り尽くしたいと書きはじめたわけです。

『東京裁判』の基本となった裁判記録のフィルムが、裁判終了後二十五年経ってパブリックなものとなった機会に日本に持って帰られたのは、映画『東京裁判』の企画が講談社において検討される何年か前でした。昔の大映という会社にをられた井上さんという方が、大蔵省出身で当時カリマンタン開発のお仕事をされていた国士的な志を持たれた方の財政的な援助を受けて、アメリカの国立公文書館のフィルムライブラリーから取り寄せられたのです。援助された方は、東京裁判というものの真実が明かされるためならば、それが日本人にとって将来の役に立つならばという、純粋な動機でした。井上さんの熱意で、それが劇場用映画という形で生まれ変わることがあれば、自分の援助も意味あるものと思われていたようです。

当初、井上さんはご自分が中心となって製作しようと思われ、そのフィルムを数人の監督や映画関係者に試写して見せられました。監督では蔵原さん、今村さん、大島さんたちが見られたようです。私も、博報堂に在籍していましたが、見せて頂きました。全く未整理の形でしたので、見た方々もどう手をつけてよいものか俄《にわ》かには判断つけられないというのが正直なところだったのでしょう。進んでそのプロジェクトに参加する意思を示す方は出ませんでした。援助された方もフィルムを入手するだけの資金は出されましたが、それを映画として完成させるだけの資金は用意されていなかったのでしょう。井上さんが映画作りの線路に乗せられれば、自分が素材のフィルムを入手するために出した資金は戻ってくるものと考えてをられたに違いありません。それだけに井上さんは、必死に映画会社が乗ってくるように監督たちを取り込もうと考えられたのです。然し、製作の母体がはっきりしない上に、素材のフィルムが量的には膨大であっても、実際の映画製作にどれくらい役立つかが不明なので、一向に目処が立たなかったのです。幻のフィルムがあるという話は業界に流れましたが、プロであるだけに意気込みだけでは無理と、話はなかなか軌道に乗らなかったようです。

丁度その頃、私は行きがかり上、山岳家の長谷川恒男さんの記録映画を博報堂で製作するプロジェクトを立ちあげていました。それまで映画製作に手を染めたことのない博報堂に踏み切らせたことには、自分の意思を超えた運命みたいなものを感じていました。松竹という会社に辞表を出した時に、私は映画製作に封印をしました。その映画を再び手がけることになった私は、それが特例であると言い聞かせていました。私の中では、広告会社の博報堂に映画をやらせていくべきではないとも考えていました。

長谷川さんの記録映画『北壁に舞う』が紆余曲折を経ながらも何とか動き出した時に、昔松竹で仲間だった稲垣俊さんから電話がかかってきました。「映画やってんだって。一寸相談あるんだけど時間くれない」。稲垣さんとは彼が小林正樹監督のチーフ助監督の時代からの親しい間柄で、私が松竹を辞める直前に監督＋プロデューサーとして組んで動いたこともあります。不運なめぐり合わせで彼はとうとう松竹では監督になれずに小林さんに殉じて辞めていましたが、依然として小林さんの最も信頼する右腕として脚本家として働いていました。彼の電話で、私はもしかして彼の相談は『東京裁判』のことかと思いました。風の便りで、あのフィルムを講談社が手に入れ『東京裁判』を製作することになり、監督に小林正樹さんが起用されるらしいと聞いていました。『人間の條件』をとった監督ですから、起用すれば世間を納得させられる人選です。講談社も自社の創業七十周年記念企画として格好がつきます。噂を聞いて、私は周囲は苦労するだろうなと思いながら野次馬の気持ちで見ていました。私にとって遠い話でした。

稲垣さんにお会いすると、やはり『東京裁判』のことです。どうやら、小林さんはその気になって受けるようです。稲垣さんも、脚本構成に引っ張り出されることは決まりのようです。稲垣さんはしきりに「小林さんは何の見通しも立ってないのに引き受けるんだから」とボヤきます。うっかり相槌を打ってしまうと手伝う羽目になってしまいそうなので「こっちは関係ないよ。まあ、大変な仕事だろうが頑張れや」と無責任に答えます。稲垣さんの話によると、あの井上さんが講談社の編集の杉山捷三さんという方に、仲間の江田さんというお寺の住職を仲介に企画を持ち込んだらしく、講談社は『昭和萬葉集』の出版と併せて創業七十周年記念企画として採用したとのことです。井上さんと江田さんに杉山さんが加わって製作体制を整え、監督に小林さんを決め小林さんの意向を汲んでスタッフ編成をはじめたそうです。俳優座映画放送の佐藤正之さんが相談に乗っているとのこと。稲垣さんは長い小林さんとの付き合いで小林さんの本質をよく知っていますので、このまま進むと必ず暗礁に乗り上げると怖れているようです。「佐藤さんが付いているなら安心じゃない。小林さんとも気が合う人だし」。こっちは稲垣さんの手に乗らないようにノラリ・クラリと対応していました。小林さんとは長い付き合いでゴルフや麻雀もよくやりますが、仕事を一緒にやるなんて真っ平です。若い時にそのことはきっぱりご本人に言ってありますので、小林さんの中にも私と一緒に仕事をする気はないでしょう。あの『四騎の会』のドラマシリーズの時には『化石』という作品を作って頂きましたが、その時も佐藤さんの会社に製作を委ねて、私はある距離をおいていました。稲垣さんの頭の中では、『敦煌』で小林さんが降ろされた経緯などから、佐藤さんでは小林さんを統御出来ないとの思いが強く、自分もその渦に巻き込まれる以上、荒木を味方に引きずり込みたいと思ったのでしょう。然し、私だって面倒なこと、それも苦労のし甲斐がないに決まっている話に乗るわけにはいきません。その日は稲垣さんに、私が容易なことでは動かないことをわからせただけで別れました。

私が博報堂に映画という仕事に踏み込ませた『北壁に舞う』という作品は、長谷川恒男さんのアルプス三大北壁単独登頂の偉業の記録として脚光を浴びました。映画だけでなく、登攀《とうはん》を一つのイベントとして展開したことも広告会社の仕事の評価として残りました。私はまた、元の広告会社の企画マンとしての業務の中に戻れる筈でした。

ところが、『東京裁判』の製作はまだ山裾で止まったままでした。案の定、立ち往生しているようです。小林さんの要請で集められたスタッフの大半は、何もすることもなくただ待機しているようです。講談社も困って佐藤さんに相談しますが、首をひねるだけで一向に具体策が出てきません。小林さんに講談社の責任者の足澤《たるさわ》専務が直接お会いして打開策を頼まれても、話は直ぐに偉い人同士の話でやあやあと理解し合ったような気持ちになって終わりになるようです。稲垣さんが、「ほらみろ、こんなことになるのはわかっていた」と怒っているのが目に浮かびます。

その稲垣さんが、遂に堪りかねてある手を考え出しました。事態を打開出来るのは荒木正也を措《お》いてはないと小林さんを説得し、小林さんから講談社に博報堂から荒木を借り出してほしいと言わせたのです。社命にしてしまえばあの荒木も受けざるを得ないと考えたのです。本当に悪い奴です。代理店の弱点をよく承知した作戦です。

困り果てていた講談社は、博報堂の出版本部長を訪ね荒木正也の貸出を依頼しました。何も知らない本部長は大得意先の講談社からの頼みとあって、私の所属長である統合本部長の奥本専務に駆け込んで来ます。得意先からの依頼とあっては、本人の意向など聞く前にＯＫの返事を出してしまいます。私には「お受けしたから頼みますよ」です。私が真顔で「断って頂けませんか？」と言って、この仕事は見通しが立たないことを説明しますが「君は小林さんの信頼を得てるから話がきたんでしょう。ご苦労でしょうが、講談社が困っていらっしゃるのに知らぬ顔は出来ませんよ」と取り合ってもらえません。講談社の依頼は、製作委員の一人として知恵を貸してほしいとのことですが、泥沼に引きずり込まれるのは目に見えています。小林正樹という鬼に手をつかまれたらおしまいだということは、経験していない者にはわかりません。それが地獄に行くことになるなんて説明出来ないことです。

こうして遂に、『東京裁判』の仕事に手を染めることになりました。まず講談社に呼ばれ、服部副社長と足澤専務にお目通りし、次いで担当部署の宣伝局で顔合せです。上野局長が形式的な責任者でその補佐が森部長、実質的な担当者は杉山副部長です。杉山さんはそれまで週刊現代の編集にいらっしゃったのが、この企画の橋渡しをしたので宣伝局に籍を移して映画プロジェクトの担当となられたとのことです。

杉山さんは剣道の有段者ということですから、野間道場の出身なんでしょう。

私もお家会社の松竹と博報堂にいましたので、オーナー関係の人独特の匂いが感じられました。講談社の偉い方々は、映画の内容については「左右に偏しない立派な作品にしてください」と当たり前の希望をおっしゃいます。「それは理想ですが、貴社には出版社としての主張がありでしょう。東京裁判を肯定する立場と否定する立場と、どっちが強いのですか?」と私がシレッとお尋ねしても「公正な立場です。映画の方に内容はお任せします」と言われるだけです。宣伝局の立場では、内容なんかより、兎に角早く作業を軌道に乗せてほしいの一点だけです。

小林さんにご挨拶すると、皮肉な口調で「ご苦労様ですね」と言うだけです。稲垣さんを取っ捕まえて文句を言うと、「まあ、そう怒らないで、運命と諦めてくれよ」です。

それでも最初の内は、委員の一人として会議に出席するだけで積極的に発言しないようにしていました。既に、製作のレールは敷かれている筈です。そのレールに沿っての質問や相談なら答えますが、どうしましょうという話なんか答えようもありません。

通常なら、講談社の担当者や佐藤さんが積極的に問題提起するのが製作委員会ではないかと思いました。一向に具体的に話は進みません。これからどういう予算枠でどういうスケジュールで映画プロジェクトが進められるかも明らかになっていません。予算は講談社が管理するので、必要な経費は受け止めるからと言います。どうやら、製作費を外部に渡さない方針が講談社内部で決まっているようです。製作委員会は必要な経費かどうかとか、スタッフの雇用などの承認のための機関にすぎないようです。

要は、講談社のトップに形を整えて見せるための手段としての委員会です。気楽といえば気楽ですが、こんな意味のないことに首を連ねているのは堪りません。何度か委員会が開かれましたが、停滞している製作を解決する具体策は出てきません。講談社の宣伝局の方々は私にその役目を期待しているようですが、火中の栗を拾うには今までの体制では無理です。私の立場では今まで講談社の相談相手になっていた佐藤さんを蔑《ないがし》ろにすることは出来ません。それに、小林さんは佐藤さんの優しい庇護《ひご》のもとでこの仕事をやっていくのが一番の望みです。これまでの準備期間中、佐藤さんの斡旋で小林さんや稲垣さん、編集の浦岡さんと助手さんの二人の人には毎月ギャラが支払われていました。勿論、小林さんたちに専念してもらうためのギャラとして決して法外な額ではありませんが、一向に動きが見えないままでの支払いは講談社にとって痛い出費です。でも、講談社自体が約束したことですから、後から参加した私が余計な口出しはしたくありません。

そんな状況が続き、遂に講談社も重い腰を持ち上げました。

稲垣さんのサジェッションもあったのでしょうが、無意味な製作委員会は解散し私を専任のプロデューサーにして製作の遂行を預けようと言い出しました。

私はその任を負うことが、長年の小林さんとの平和な付き合いを壊すことに繋がると直感しました。人間関係を壊してまでの責務を背負うことになると講談社にいくら話しても、ただ講談社のピンチを救ってほしいの一点張りです。

私は、過去のことについては、講談社内部のことであって触れることはしないと決めていました。新しい体制で事に当たる場合、過去の経緯を引きずっている人の存在はブレーキになるものです。

何度も上野宣伝局長とお話を重ねました。上野さんという方は正直な方で、本当に弱りきってをられました。映画という仕事など今まで触れたことのない方が、はじめて触れたのが小林正樹さんという鬼です。映画界でも定評の鬼とどう戦っていくかなんて、常識的な上野さんに考えられるわけもありません。

誠心誠意お願いし続けても動こうとはしない小林さんは、上野さんにとっては今まで出会ったことのない種族です。決して言葉を荒らげたりしないで、ただ黙っている大監督。時に「困りましたね」と言っても決して困った様子のない小林さん。なす術もなく、今度は上野さんがため息をつくわけです。稲垣さんは、「そんなに上野さんをイジメないで引き受けてあげなさいよ」と薄ら笑いをして私に言います。こんなことに私を引きずり込んでおいて無責任な話です。

結局、講談社の苦境を救うために博報堂から派遣された身であることと、上野さんへの同情もあってプロデューサーの職務につくことを引き受けました。私にとっては、映画人全体が困った人種と思われるのが悔しかったことも動機でした。やると言って引き受けたのは小林さんたちです。それを無責任に出来ない理由ばかりを並べて動かないのは映画人の恥です。私が引き受けた以上は、どんな摩擦があっても結果としてちゃんとした作品を作り上げて映画人の凄さを認めさせてやりたいと思いました。

小林さんは私がプロデュースすることによい顔はされません。小林さんなりに、私が引き受けた以上、自分にもはっきりと物申すことが予想されます。あの松竹時代からの私の仕事へのかかわり方の明快さは、小林さんの最も苦手とするところです。「合理的にしても作品はよくなりませんよ」という小林さんの陰のボヤキが聞こえてきました。

私はまず、講談社に体制の一本化をお願いしました。

現場のことは私と担当の宣伝局が直接話し合って進める。委員会のメンバーは解散する。講談社のトップは軌道に乗るまでは小林さんとの接触をしない。現状を脱却して進み出すには時間がかかるので、創業七十周年に間に合わせるという命題を一旦忘れ、作品の完成を第一にすることなどでした。

私はまず、編集のスタッフを除く人々への月保証の制度を解消しようとしました。講談社が決めた方式ですが、今後の展開を考えた時にその制度は映画人の甘えというかタカリに見えます。やはり、ある期日を目標に定めて作業する姿勢でなければなりません。

勿論、この作業が大変なものであることは承知していますが、そうかといってダラダラとしていたら、膨大な資料を前にして立ち往生するだけです。何しろ、小林さんは引き受けておきながら、『東京裁判』という記録映画をどういう映画にするのかのビジョンが定まっていないのです。だから、稲垣さんも脚本を書けないのです。

小林さんは信頼している稲垣さんに腰を据えて書いてもらうために時間を与え、自分はそれを待って意見を出すのだという姿勢のようです。稲垣さんだって小林作品になるものですし、劇映画のように原作があったりして作品の根幹がわかっているものなら任されてもよいのですが、アメリカ兵が義務的に撮ったフィルムを中心に記録映画として仕上げるプロジェクトですから、小林さんなりの構想を知りたいのは当然です。

私はそんな二人の状況を見て苛立ちました。

「私を手伝いに呼んでおきながら、あなた方は無責任ですよ」と強く言いました。でも暖簾《のれん》に腕押しで返事は返ってきません。稲垣さんは、膨大な書籍と資料に埋まりながら何とか脚本の目処を見つけようと努力していましたが、『東京裁判』を色々な角度から分析していくと、法律家にも歴史家にも様々な見方があって一本にすることは出来ません。

稲垣さんの話を聞いていると、学術論文のように様々な意見を並列していくだけで映画としてのまとまりにはなりそうにありません。我々に課せられているのは一本の記録映画の製作です。映画としてのまとまりがなくてはなりません。どんなに研究した結果でも学説の羅列では映画にはなりません。稲垣さんが悩んでいるのはよくわかりましたが、映画にするための方法論を欠いていては時間の空費とも言えます。小林さんが稲垣さんの解答を待つ姿勢であっても、これではいつまでも解決出来ません。

講談社に一応進み出したことを感じさせるために、脚本の作業と並行して井上さんたちが集めたフィルム以外の資料にできるフィルムを探すためにアメリカへ小林さんに行って頂くことにしました。

実際に今手元にあるフィルムは量的には五十六万フィートと膨大ですが、編集の浦岡さんに丹念に調べてもらったところ、まだまだ資料としては足りないことがわかりました。アメリカの公文書館にまだ関連のフィルムが残っているかも知れません。また、当時のニュース映画のフィルムなどの所在も確かめる必要があります。

小林さんが渡米されることは作品の責任者である証拠になります。講談社のトップにも安心を与えられます。ただ、小林さんはわがままな人ですから、通常の通訳を付けてあげてもうまくいくわけはありません。そこで、かつて東宝にをられて小林さんの作品『燃える秋』を担当された安武龍プロデューサーに同行をお願いしました。安武さんは、当時日本でのディズニーランドの発足にあたってのソフトの製作に携わってをられましたが、お仕事の合間の時間ならということで契約してくださいました。小林さんは安武さんを評価されていましたので、お二人のコンビでのフィルム探しの旅は、安武さんにとっては大変でも、実りが期待出来ました。出だしその間、稲垣さんには本題に入る前の序章の部分の脚本を仕上げてもらっていました。

が決まれば、あとの流れもスムーズに行くのではとの期待もありました。

やがて、アメリカでのフィルム探しの旅が終わり小林さんたちが帰ってきました。想像通りの大変さだったことは安武さんの報告でよくわかりました。なにしろ小林さんのやり方ですから、資料のフィルムの中から使えそうなところを選別するのではなく、すべてを日本に持ち帰りたいとのことです。現像料だけでも数千万円はかかるのです。でも、無駄だと思った中に意外な効果をもたらすフィルムがあるかも知れません。そういった贅沢さは許すべきかと思いました。ニュース映画もリストが手に入り、購入の手続きをすれば入手できます。勿論、ニュース映画は権利を持っている会社があって、一フィートいくらの世界です。海外の資料だけでなく、フィルムセンターの所蔵している旧陸軍や満洲映画協会のフィルムも調査しましたし、ＮＨＫサービスセンターが管理している日本ニュースの使用についても交渉をはじめました。ここでも小林さんは先方に出かけて調査するのではなく、必要かも知れない巻はすべて現像してもらうという方式をとられます。ＮＨＫサービスセンターの担当者は、兎に角現像した分だけの料金は払ってもらわねばと主張します。何度も折衝した結果、ようやく完成時に使用尺数を出してその分だけを支払うことに決着しましたが、ＮＨＫの関係者も聞きしに勝る小林正樹流に最後は呆れていました。

一方、稲垣さんの序章の脚本も出来ましたので、その部分を編集して佐藤慶さんのナレーションで一応仕上げました。佐藤さんをナレーターに起用しようと言い出したのは私でした。小林さんの中では加藤剛さんがよいのではとの考えがありました。加藤さんの癖のない静かなナレーションが客観性があってよいとのことでしたが、私には内容が単調になりがちなものだけに、佐藤さんのナレーションの持つ独特のイントネーションと声自体の響きが、作品にある種の重みを与えるのではという狙いがありました。小林さんも私の意見を珍しくすんなりと受け入れてくださいました。

一時間余りの序章の試写を観て、講談社の幹部もやっと安心されました。このままのテンポで進むものと思われたようです。然し、そんな甘い観測は直ぐに裏切られました。裁判の本題に入る部分から、稲垣さんの脚本は全く停滞してしまいました。少し進んではまた書き直しの繰り返しです。

毎日が脚本待ちの状態です。時折フィルムに目を通すくらいで、あとの時間は小林さんが持って来られたゴルフのパットのホールでパターの練習をし、それがやがて賭けての競技へとなっていきました。講談社の人々に再び不安が湧いてきます。その上、小林さんは作業場として借りている鳥居坂マンションの傍らで生後間もない子猫を拾ってきて飼い出す有様です。長期戦覚悟の姿勢が読み取れて不安は増大します。また、私に講談社から難題が出されました。

講談社は、この停滞の責任は稲垣さんにありと判断していました。私と安武さんは何度も稲垣さんに見通しを立ててくれと頼みましたが、稲垣さんはそんな甘いもんじゃないと私たちに説教する有様です。安武さんはあのフィルム探しの旅が終わって一応契約は切れていましたが、事態を心配して作業場に度々顔を出してくださいました。私も、安武さんには小林さんもやや打ち解けられるので、安武さんを通して小林さんの意向を確かめてもらったり、私の相談相手になってもらったりで、つい甘えていました。私自身が博報堂からの助っ人という立場で一切の報酬を講談社から受けていませんでしたので、安武さんの報酬についても講談社に再度相談することを怠っていました。安武さんはビジネスマンとしてのケジメをきちんとしたい方ですから、ある日、自分はこのままの形ですかと問いかけられました。全く申し訳ないことなので、上野局長にお願いしてこのプロジェクトがうまく進行するためにはと、安武さんとの再契約をしてもらいました。ただ、期限は完成までとなっていましたので、安武さんにとっては不利な条件でした。苦笑いして安武さんは契約してくださいました。私にとっては安武さんは最後まで本当に頼りになる相棒でした。迷惑をかけ通しだったことを今でも申し訳なく思っています。

私と安武さんは、自分たちをこのプロジェクトに引きずり込んだ張本人の稲垣さんを今度は自分たちの手で降ろす作業をせねばならなくなりました。私たちは稲垣さんの能力を認めていましたし、小林さんと稲垣さんの強い結びつきも承知していましたので、降ろすことについては抵抗がありました。然し、『東京裁判』という映画を作るためには、行き詰まっている稲垣さんに頼っていては無理と判断していました。稲垣さんの書いている原稿を読ませてもらいましたが、それは映画を作るための脚本には程遠いものを感じました。小林さんに率直にそのことを話しましたが、絶対に稲垣さんが必要と言われるだけです。私たちは、この作品は小林正樹作品として世に出すものだから、小林さんご自身が脚本を書いてくださることが一番よいことだと思うと、小林さんの脚本執筆をお願いしますが頑として承知されません。私たちが、稲垣さんを降ろすという意向で動いていることを裏切り行為と思われています。自分も降りますよと脅かされます。でも私たちは、小林さんは絶対降りることはないと見ていました。『敦煌』を降ろされた小林さんにとって、『東京裁判』は題材とスケールから見て絶好のリベンジのチャンスです。監督として小林さんに与えられた最後の機会と言っても過言ではありません。小林さんという監督の中に、そういったご自分の立場への執着があることは長年のお付き合いでわかっています。

結局、稲垣さんが納得されて鳥居坂マンション二階の執筆室から自宅に戻られることになりました。小林さんは「君たちの責任です。知りませんよ」と言って口を利こうともされません。私たちはそんな小林さんに当初の方針のように脚本執筆をして頂きたいと考え、稲垣さんの書かれた序章に続く本論を、裁判の進行を縦軸にしあの時代の流れを横軸にする構成にして組み立てることを進言しました。答えようともしない小林さんに手渡すために、相当細かいところまで書き込んだ構成案を作りました。そのために講談社にお願いして、国際文化センターの部屋を三晩とって頂き、安武さんと相談しながら私が執筆しました。私たちはそういった内部のもめ事を表に見せないため、小林さんとの話し合いも夜の時間帯を選び、三人だけで行ないました。講談社にも知られたくないと思いました。表面的には堂々とした製作体制で作られたものでなければ作品の価値が下がります。それがプロデューサーの仕事を背負わされ、またそれを受けた身の責任でもあります。結果が良ければ裏の事情なんて消えてしまうものです。そんな私と安武さんの思いなど最後まで誰もわかってくれませんでしたが、私たちにとってはこの時期が一番苦悩多き日々でした。

小林さんは、私たちが作った構成案をチラッと見るだけで読もうともされません。一体どうされるつもりかと私たちが迫っても無言です。まだ稲垣さんを降ろしたことへの拘りが残っている上に、小林さんには『東京裁判』という素材を記録映画として仕上げる方向性がなかったのでしょう。小林さんは劇映画の人ですし、以前から城山三郎原作の『落日燃ゆ』という広田弘毅を題材とした小説の映画化を考えていらっしゃったので、どうしても広田さんのことに気持ちが傾きがちだったのです。従って、裁判の進行だけでなく長い年月にわたる歴史の検証といった面倒なことは稲垣さんに任せてと考えられていました。自分が今の時点で脚本に取り組むなんて無理な話とダンマリを決めこまれたわけです。私たちは、小林さんの名誉を傷つけずに小林正樹作品として世に出すことが作品にとってもよいことだと考えていましたので、少しでも脚本に小林さんが関与されることを望みました。

そんな問答が何度も続いたある夜、小林さんが言われました。「どうしても進めるのなら、荒木さんが書いてください。稲垣さんを降ろしたんだから、あなた方が脚本に責任を持ってください」そう言われるとスッと立って無言で帰宅されてしまいました。残された私と安武さんは顔を見合わせてため息をつきました。もうこれ以上、小林さんを説得するのは無理です。ギブアップを講談社に伝えることにしようかと思いました。腹が立つというより空しい気持ちでした。引き受けたのは小林さんと稲垣さんです。その二人が責任を果たそうとしないのです。安武さんが言います。「こんな形で終わるのはよくありません。映画人の恥です。講談社だって迷惑な話です。……荒木さん、脚本を引き受けてください。僕もサポートします」。安武さんは私が構成案を作成する時に側にいましたので、私の頭の中で『東京裁判』という映画が形作られていることを察知していました。「荒木さん、私はこの仕事に参加して、本当にあなたは凄い人だと思いました。あなたほど真っ直ぐで頭の切れる人はいないですよ。もうこうなったら体裁も何もありません。あなたが脚本を書いて引っ張っていかなければ出来ません。運命と諦めてやってください」。安武さんの真剣な表情の中に、ここで投げ出しては負けだというプロデューサーの魂を見ました。私も博報堂から借り出された人間ですから、得意先の講談社の期待を裏切る結果は出せません。はじめに嫌な予感がした通り泥沼にはまりこんだ状態になりましたが、何としてでも『東京裁判』を完成させねばならないと思いました。

翌日、小林さんに私が脚本を書くことを告げました。軽く頷くだけでした。もうこうなったら小林さんの気分などに構ってはいられません。ただ、講談社の担当部署にだけは報告しておかねばなりません。

私と安武さんとは、上野局長にお会いしてプロデューサーサイドが責任を持って脚本を作り上げることを話しました。あくまでも小林さんの脚本という形にすることも告げました。講談社にとっては格好がつくことなのでOKです。兎にも角にも脚本が出来上がることが第一と考えていたのです。

既に構成を考える時にある程度は調べてありましたが、いざ脚本にするとなると想像を超えた大変さでした。

記録映画である以上、正確でなければなりません。裁判速記録に基づいて、裁判中に起こったすべての事実を知ることが必要です。ところが裁判速記録は、裁判用語で書かれているので普通の文章とは違って難解です。しかも文語に近く、記述もカタカナなのです。膨大な記録を読むだけで一苦労です。ちっとも面白くないものを読み続けるのは、体力だけでなく気力も消耗します。

収集された記録フィルムとの照合も必要です。裁判速記録に載っていてもフィルムがなければその部分は別の方法を考えなければなりません。自分の作り上げた構成をベースに、それぞれのテーマについてのメモを作ります。それを自宅の床にばらまいて、眺めながら頭の中で各場面の具体的な記述を考えます。稲垣さんの書かれた序章の文章のトーンと合わせることも考えなければなりません。

何しろ素材のフィルムの中で使われている資料や証言に加え、日本ニュースをはじめ当時の記録フィルムのナレーションはすべて文語調です。従って私の書く脚本のナレーションもそれに準じた文語風の文章でなければ流れが失われます。幸い、私や稲垣さんの時代は漢文や古文についての基礎的な勉強がしてありますので何とか出来ましたが、それでも独特な文体を確立するのには苦労しました。ああいったトーンの文章だったからこそ『東京裁判』という映画が格調を持つことが出来、観客を不思議なリズムに乗せることが出来たのだと今でも自画自賛しています。

そういう他人にはわかってもらえない苦労が一年あまり続きました。私の部屋のメモは徐々に重ねられ、脚本に使われるものだけが残りました。大きな紙に全体の構成が書かれ、各パートで具体的に取り上げることが書き込まれました。

ようやく全体がつかめた時には、山登りにたとえれば稜線に出たというホッとした気持ちでした。でも、肉体的にも精神的にも疲れ切っていて、体重は激減し食欲もなくなっていました。安武さんに全体を通しての細かい構成を説明しましたところ、実に明快で堂々としたものになっていると認めてくださいました。他の人でなく、安武さんがそう言ってくれたことで自信が持てました。

暫く休みたいという気持ちもありましたが、休んだら倒れてしまうという予感もありましたので、講談社には直ぐに執筆することを告げ晴海のホテル形式のマンションの部屋を借りて貰いました。自宅から執筆のための資料と電気スタンドなどを運び込み、一気に書き出しました。私は脚本を書くまでは自分の頭の中で何回も確かめますが、書き出したら迷うことはしません。

自分の頭に入っているものを一気に吐き出すのです。五日目の午後にエンドマークを書き終えました。二百字で四百七十六枚の原稿でした。もう殆ど死んだような状態でしたが、頭だけはカッカしていました。

帰宅すると、その足で小林さんに届けました。小林さんも驚いていらっしゃいました。小林さんの常識からは考えられないことだったでしょう。でも、小林さんの師匠の木下惠介監督は、口述筆記ですが三日間で一本の脚本を書かれるのですから、集中力を重んじる人には当たり前の方法なのです。

小笠原君は私たちが小林さんを無視して脚本作りをしていることを単純に無礼な事と捉えていたようです。かつて「にんじんくらぶ」に在籍していた彼を助監督として雇い入れたのも稲垣さんです。助監督にとっては監督への忠誠心が第一です。その小林さんが私たちに気圧されている様子は許し難いものだったでしょう。もう私が出向してから三年以上の時が経過していました。

その三年あまりの年月は、博報堂における私の存在を薄くしました。講談社が困っているという話はしきりに博報堂の幹部に入ってくるのですが、私からは明快な見通しが得られません。統合本部長の奥本専務からも、折にふれ「どうなっているんですか。講談社も困ってをられるんだから何とかしてあげてください」と言われます。あんまり詳しい話をしても仕様がないので曖昧な返事しか出来ません。広告会社というものの業務査定は、その年いかに業績に貢献したかがベースになります。何の成果もない私を評価出来るわけもありません。査定が低ければ昇給もボーナスも低くなります。全く割りの合わない話です。本来なら私を貸す際にタレントとして講談社からしかるべきフィーを頂くのが当然なのですが、代理店と得意先との関係は主従のようなものですから、まるで猫でも貸すように「さあ、どうぞどうぞ」と貸し出されたわけです。私もそういった関係をおかしいと思っていましたが、途中で居直るのは止めて、ちゃんと完成させた上で立場を主張するようにしようと心の中で思っていました。プライドというものは安っぽく出すものではないと知っていました。『東京裁判』の作業場の休日は水曜日になっていましたので、私は水曜日は博報堂に一日出社してデスクで『東京裁判』関連の業務だけでなく博報堂の他の仕事のサポートもしました。土、日は作業場に出ますので休みはありません。誰も私のそんな勤務について気にかける人もいません。どこか、意地になっていたところもありました。弱音を吐いたりすることは張りつめた気持ちを壊すと一人堪えていたのです。

脚本を渡して気持ちが晴れるかと思ったのですが、それはとんでもないことで私の怒りを増すことばかりが続きました。私は小林さんの代わりに脚本を書いたのですから、小林さんに渡す時に脚本のごく一部分だけを空白にしておきました。

それは、南京事件の部分とラストのシークエンスでした。小林さんに、全体の作者として、せめてその部分だけでもご自分で書いて頂きたかったのです。小林さんの意見がどこかに入っていないといけないとの思いがありました。勿論、その部分も自分なりに書いてはありましたが、それを読むことなく小林さんに真剣に取り組んで頂きたかったのです。安武さんは「そんな意地悪なことしたって小林さんはやりませんよ。あなたがここまで仕上げたんだから全部書いて与えるほうがスッキリしますよ」と言われましたが、私は拘りました。然し、その私の主張が更に私のストレスを増しました。小林さんは自分で受け止めないで、助監督の小笠原君の助けを求めました。稲垣さんにも、陰で意見を求められたのも知りました。私の小林さんへのある種の忠誠を裏切ったのです。

出来上がったものを批判するのは楽です。でも、誰もが出来ない作業をやって脚本として書き上げたのは私です。私の意思を無視して無責任な放言は許せません。

小林さんは、私が執筆する直前に安武さんと一緒にお目にかかって激しく言った言葉に傷ついてをられました。私もそんな失礼なことを言いたくなかったのですが、プロジェクトを引き受けた小林さんが逃げて私にその責任を負わせたという現実に、小林さんが全く自責の念を持っていないことに怒り以上のものがありました。真正面から私は言いました。「何のために私がこんな仕事をこれからやるのか、そこがわかっていないのなら、もう私もやりません。小林さんは卑怯です。こうなったら講談社に頭を下げて謝って中止にしてください」。

私は怒りできっと青くなっていたでしょう。今でもその時の嫌な思いが残っています。安武さんが間に立って私と小林さんを分けて、小林さんを宥《なだ》めに別の場所に行かれました。結局、その爆発の勢いで私は脚本に立ち向かったのです。そんな経緯があったことは他の誰も知りません。なんとなく小林さんと私の間にある不穏な雰囲気だけを感じていたようです。映画では監督の存在は絶対です。特に講談社にとっては小林さんの気持ちを忖度《そんたく》することが大切との気持ちが大です。もう脚本も出来上がってきた以上、小林さんを怒らせないようにと怯《おび》えていました。

小林さんの中にようやく作品に対する見通しが立ってきたと見てとれました。様々な不快な思いを重ねて、ようやく脚本は印刷されることになりました。私と安武さんは、脚本は小林正樹一人のタイトルにし、稲垣さんを原案とすることを主張しました。

然し、小林さんはそうすることが後ろめたいのか、小林さん、稲垣さん、私、小笠原君の連名にしたらと言われます。私はこの脚本は小林さんに差し上げたものであるから、私の気持ちを入れて小林さん一人の名前にしてほしいと主張しました。稲垣さんは途中で降りてもらった人です。原案という扱いでないと変です。そういった筋を通したい私の意見も、製作の本体である講談社が下した結論の前には空しく退けられました。原案・稲垣俊、脚本・小林正樹、小笠原清の連名と決まりました。タイトルはその後の権利にも影響します。私は脚本料や版権がすべて小林さんにいくことで自分の美学が立つと思っていました。あれだけ酷い言葉を吐いたお詫びに、金銭的な見返りは小林さんに差し上げたかったのです。安武さんにまた言われました。「そんな美学なんて通じませんよ。あなたが主張すれば脚本のタイトルを独占することだって可能だったんですよ。その方があの連中の鼻をあかすことになったのに……」全く私はバカな男だったのです。そんな軋轢《あつれき》も加わって、その時の私の体調は最低の状態になっていました。脚本を書くことでの激しい消耗から、体重は十キロ近くも減り外見だけでも重病人のようです。その上、神経の消耗は目にまで影響を与えてきました。目がチカチカと眩しくて人の顔を正視出来ない状態でした。自分でも怒りっぽくなっているのがわかりました。でも、怒りたくなるようなことばかりの連続です。とうとう見かねて講談社の上野局長から、現場もようやく軌道に乗りかかってきたので暫く休養したらどうかとのお話がありました。半分は私を心配しての提案であり、半分は私を遠ざけることで現場の空気を和らげたいとの配慮だったのでしょう。私としては休んでいられない心境でしたが、安武さんからも自分が監視しているから身体を大事にしなさいと言われて、現場を一時離れました。

脚本を得てからの編集段階に入ると、小林さんは急に仕事に熱心になられました。やはり小林さんは、映画監督として現場の作業中心の人なのです。柱を立てる仕事ではなく、部屋を仕切ったり、壁を塗ったりする仕事には打ちこめるのです。編集の浦岡さんと、各場面の組み立てについて細かく相談しながら作業を進められます。小林さんは美学部出身ですから、細部についてては綿密にご自分の納得のいくまで完璧にしようとされます。資料のフィルムを補うための新聞記事やスチール写真の撮影なども殆ど立ち会われて、照明やカメラのパーンのスピードなどにも意見を出されます。普通、そういったインサートのカットは技術者任せで時間もさほどかけないものですが、小林さんがタッチされると撮影も一か月以上かかります。一度撮影してもラッシュを見て気に入らないと再度撮り直しです。そういう点では困った人ですが、見上げた点もあります。仕上がった時に一枚のスチールでも説得力があります。私は現場を離れていましたが、時々安武さんから現場の報告をお聞きしていました。編集の浦岡さんは本当に立派な職人ですから、編集に関しては信頼出来ます。何しろ百二十万フィートに及ぶ資料フィルムを丹念に記録され、それらをアイテム別に整理してくださったフィルム缶が作業場の周囲を取りかこむ棚にギッシリ並んでいます。浦岡さんはそれらの資料を的確に抜き出してこられます。彼の頭に整理されたすべてのフィルムの記憶こそが、『東京裁判』という映画を紡ぎ出す糸だったのです。小林さんにはどこかよいスタッフを繋ぎ止めるだけの魅力があったのです。鬼と綽名《あだな》された小林さんですが、スタッフにとっては完璧を求められることは張り合いでもあったのです。ボヤいても出来上がった作品に自分たちの貢献が残っていれば嬉しいものです。決して楽しい人ではありませんでしたが、小林さんにはスタッフが見捨てられない作品への傾注が感じられました。私だって嫌だと思いながらも、つい小林さんの不思議な蜘蛛の糸に引っかかってしまうのです。マゾかと思われるくらい、小林さんのスタッフは苦労を承知で参加していました。

編集がある程度進むと、並行してナレーションどりが行なわれます。これも大変な作業です。序章の部分は既に入れてありましたが、私が脚本にする時に稲垣さんの書いたものを減らしたり言い回しを変えたりしましたので再度やり直しました。小林さんは鬼ですから、平気で編集を小直しすると、また佐藤慶さんを呼んでナレーションの入れ直しです。結局、佐藤さんは二十四〜二十五回ほどナレーションどりのためにアオイスタジオに呼び出されました。最初に決めたギャラを少し割り増ししましたが、そんな額ではとても折り合えない仕事量です。それでも佐藤さんは、「小林正樹じゃなあ」と苦笑いしながら我慢してくれました。彼もマゾでした。そんな苦労をかけていながら小林さんは、「君はくだらない仕事をしてるから声が荒れているね」などと嫌味を言います。佐藤さんが当時、武智鉄二監督の『白日夢』という作品に出ていたことへの当てこすりです。どうしてと思うほど、鬼は無礼な人でした。

ある日、安武さんから緊急の連絡が入りました。例の南京事件の部分に、小林さんが中国側の宣伝用のフィルムを使用すると言い出したとのことです。あのフィルムは、日本軍の行為を告発するために中国側が作ったフィクション・フィルムであり、本当の記録フィルムではありません。ただでさえ微妙な問題をはらんでいる事件に、そんなフィルムを使うなんて根本的な製作の姿勢にかかわることです。私も安武さんも強硬に反対しました。講談社は例によって、小林さんの判断に委ねるという態度です。小林さんは、画面にインパクトが出るからという理由で使用を強く主張されます。小林さんの中に旧陸軍の行きすぎたやり方を経験したことによる反発の気持ちがあったのでしょうが、そのことと南京事件というものの真実の解明を混同されては困ります。「この作品は真実に迫るためのものです。こんなフィルムを使っては作品の権威にかかわります」私たちは譲りません。小林さんも監督の権威をかざして譲りません。

私たちは、小林さんがどうしても使うと主張されるのなら、そのフィルムの上に「これは中国側の宣伝用のフィルムである」というスーパーは必ず入れるように厳重に申し入れました。結果はそうなりましたが、いまだに私たちはあのフィルムの使用には納得していません。講談社という製作の母体が何故カットを主張しなかったのか理解に苦しむところです。南京事件の部分では、ナレーションでも「日本人が永遠に背負い続けねばならない十字架である」という言葉が使われていますが、その言葉にも私は反対しました。まず十字架といった日本の宗教ではないものを用いた表現が疑問ですし、そういった情緒的な文言で済ませるべきではないと思いました。『東京裁判』という記録映画では、逃げの姿勢は殆どありません。それが作り手の責任の表れであるという誇りを持って作ったからです。私が小林さんに委ねた、南京事件の部分とラストのベトナム戦争の少女の写真で終わるところは、私には逃げというか情緒的なものと思われました。一見、もっともらしいようですが、ラストを「アメリカよ、あなたは裁いた身でありながらこんなことを後にしましたね」という気持ちで終わるのは、小さな視点にすぎないと思いました。もっと大きな、全人類、全地球に対する永遠のメッセージで終わりたいと思っていました。今でも思っています。

ナレーションどりと並行してタイトルの発注も始まりました。『東京裁判』という作品には夥しいタイトルが必要です。全編で一万字を超える字数になります。それを引き受けたのが赤松陽構造《あかまつひこぞう》さんです。佐藤慶さんと彼の尽力あってこそ作品は成り立っています。実は彼に発注した時に、私たちは彼の父上が戦前の日本ニュースのタイトルを作成されていたのだという事実を聞かされました。彼は父の残した仕事と一緒になっての作業に大きな意義と感激を持っていました。「母がこの仕事を僕がすることを大変喜んでくれていましてね」との彼の述懐に、思わず目頭が熱くなったことを今でも覚えています。因縁というものがあるのだと、実感させられました。彼の傾注によって、タイトルは見事な出来栄えでした。

製作がこうやって進み出しましたので、次には配給会社との折衝です。製作の噂が流れて間もなく東宝東和から配給の申し込みがありましたが、もう三年以上も待たせたままです。担当の篠島部長を通して山下副社長にお目にかかりました。安武さんと山下副社長は東宝の外国部時代の仲間です。「ようやく出来ますか」と、山下副社長も噂に聞いた小林さんの粘りが本当だったと実感されたようです。東宝東和としては初志をまげずに『東京裁判』を配給したいとの意思を示されましたが、私たちから仕上がり尺数が四時間半を超えると聞かされて怯《ひる》みました。興行の常識から、長くても三時間半にしてほしいとの要望が出されました。篠島部長などは、「無茶ですよ」と取り合ってくれません。製作現場を訪ねて来て、小林さんに懇願しようとされますが、小林さんは知らん顔です。こういう時は小林さんの鬼ぶりは役立ちます。私たちも、尺数はこれ以上縮められないと思っていました。四時間半でも東宝東和に諦めさせるだけの作品になっていればよいのだと覚悟していました。脚本を書いた私には、カット出来ない内容になっているとの自信がありました。興行の都合か作品の内容かを比べれば、自ら答えは出てきます。非常識が通る場合もある筈です。

作業が具体的になるに従って、小林さんとの関係も少しずつほぐれてきました。小林さんも脚本に沿って画を選ぶ作業になってくると、執筆した私のイメージを聞かなければわからないことも出てきます。直接お電話が時々あって「シーン○○だけど、どういう下絵考えているの。裁判のフィルムでは足りないんだよ」と尋ねられ、私は「そこは日本ニュース○○号の法廷の外のカットを入れたらと思います」と答えます。小林さんも現場で私に尋ねるより気が楽だったのだと思います。本当に『東京裁判』という作品は、他人が撮ったフィルムをモザイクのように丹念に集めて作り上げるものですから、余程素材全部についてわかっていないと出来ません。小林さんはそういった丹念な作業を苦にしない人です。だから着実に、然しゆっくりと作業は進んでいきました。

長い長いトンネルをようやく抜け、オールラッシュの日が来ました。編集の浦岡さんに「止まない雨はないって本当だね」と顔を合わせてやっと笑顔です。素材のフィルムの録音状態が酷かったのも、西崎さんのご苦労のお陰で相当クリアになっています。簡単に、素材となったフィルムを繋げばよいと思ってこの企画が成立したのでしょうが、実際に作品にするのには大変な裏の作業があるのです。五年もかけてと嘆く人には、絶対に理解してもらうことの出来ないことです。

音楽を担当される武満徹さんは、見終わるや「すごい！」と言われ小林さんの顔を見て頷かれます。小林さんが最も信頼しその意見を尊重されている人からの賛同を受けて、小林さんは満足そうでした。「もう音楽は要りませんよ」武満さんはおっしゃいます。結局あの四時間三十七分の作品の中で音楽が入った部分は七分あまりでした。

ネガ編集の南とめさんが穏やかな微笑みを見せていらっしゃったのも印象に残っていました。陰の大恩人です。編集の浦岡さんたちの長期にわたる貢献は勿論第一のものですが、その編集されたもののネガを探し出しての編集作業は、日本映画の歴史の中でも特筆すべきものでした。普通の作品より少し多い程度のギャラでお引き受け頂いたのですが、南さんは「こんな意義のあるお仕事をさせて頂いて光栄です」と苦労を厭うどころか張り切ってやり通してくださいました。それには、南さんを手伝ってボランティアで参加してくださった女性の編集技師さんの存在もありました。南さんが大変な作業に取り組まれていることを聞いたお弟子さんたちが馳せ参じたわけです。南さんにそっと、ギャラを割り増しせねばと申し上げましたが、南さんは「いいえ、私は喜んでやらして頂いていますから」とやんわりと断られました。『東京裁判』は幸せな作品です。多くの人々が何か日本人としての、映画人としての存在を賭けて支えてくださったのです。

現像を担当してくださったイマジカにしても、六年近くも夥しいネガを保管してくださり、倉庫の使い回しなどで大迷惑だっただけでなく、傷んでいる素材の修復やバラバラの素材を可能な限り均一にするという技術的な苦労も大変なものでした。それなのに、すべての作業が終わった時に全スタッフを招いてイマジカ主催の慰労会をイマジカ構内の一室で開いてくださいました。最高責任者の一倉専務、営業の小林常務をはじめ、イマジカ側も携わった全員の方が出席されています。長い長い苦労からようやく解放されて本当に楽しい会でした。本当に共同作業してきた同士でなければ語れない話に花が咲きました。

胸が熱くなるような場面も多々ありましたが、最後の段階でまた私を激怒させることが起きました。それは、タイトルの決定にかかわる問題です。私は当然のこととして、協力・博報堂というタイトルを入れることを主張しました。私を無料で五年近く提供したのです。しかも、私が脚本までも書いて捧げたことを講談社は認識しています。なんの文句もない話の筈です。それなのに講談社は、トップタイトルの中に入れるのは困るのでラストのロール部分にしてほしいと言い出しました。それならと、ロールタイトルの冒頭に入れ直しました。ところが、その方が更に目立つのです。私はこの問題では絶対に譲る気持ちはありませんでした。個人としてのタイトルではなく私の本籍の博報堂を蔑《ないがし》ろにされることは許せません。そんな私の態度を見た講談社から博報堂の出版本部長の鬼怒川常務に、博報堂のタイトルを辞退してもらえないかとの交渉がありました。話のポイントがよくわかっていない鬼怒川常務は、私の所属長の奥本専務に得意先の要求として伝えられました。奥本専務も担当本部の要請なので受けようかと思われ、私を呼ばれて講談社の言う通りにしてあげてはどうかと指示されました。私は絶対にその指示は受けられないと断りました。奥本専務も困られましたが、私の言い分が博報堂の立場を主張するものであるので強く指示することは出来ません。「もし、そういう結論を博報堂として出されるならば私は作品を完成させません」私は言い切って部屋を出ました。

私は講談社に出向き、上野局長にも私の覚悟を伝えました。私が仕上げないと言い出したらそれを全うするだろうことは上野さんにもわかります。結果として、最初の案の通り、トップタイトルの中に博報堂が協力したことが明示されました。

タイトルも入って試写が出来る段階になりました。早速、待ち構えていた東宝東和が山下副社長以下オールメンバーで来られました。皆さんが川喜多さんの門下生だった映画のプロの方々です。四時間三十七分という彼らの要望より一時間以上長い作品です。「兎に角、試写を観た上で結論を出してください」私と安武さんは開き直っていました。試写が終わってから、場所を東京プリンスに移し話し合うことになっていました。小林さんも同席されました。冒頭、山下副社長が言われました。「長さのことはもう申しません。私どもはこの映画を配給させて頂くことに今誇りを感じています。素晴らしい作品です。小林さんはじめ、全スタッフに敬意を表します」小林さんに向かって頭を下げてくださいました。随伴された方々も、口々に「これほどまでもの作品になっているとは想像出来なかった」と賞賛してくださいました。勝ったのです。肩の荷が下りました。

東宝東和としては、ジックリと試写を重ねて評判を高めていこうとの作戦です。興行としては一日に二回しか上映出来ないので観客も大変なことです。会社が終わってから観ることは無理です。一日潰すだけの覚悟でなければ観られません。それだけに前評判が高くなければなりません。試写の対象も多くの分野に広げなければなりません。今度は製作現場から東宝東和へ通って宣伝全般の作戦に参加です。博報堂に一旦戻ったのですが、また『東京裁判』へ逆戻りです。

幸い博報堂の社内の空気も変わりました。まず最初に、試写を観られた奥本専務が驚かれました。「凄い作品ですね。感動しました。協力・博報堂というタイトルを守ってくれて有り難う」。ちっとも完成しなかった理由は作品を観て直ぐ理解されたようです。奥本専務は明敏な方です。その上、父上が海軍の将校で南方で戦死されていますので、あの戦争には格別の思いがあったのです。奥本専務から報告を受け、最高責任者の近藤社長が試写を観たいと言ってこられました。はじめは四時間半以上は時間が割けないのでまず前半だけを観せてもらうということでしたが、前半が終わると秘書を呼ばれ、そのまま最後まで観るからとスケジュールを変更されました。翌日、社長室に呼ばれ、直接労をねぎらってくださいました。「博報堂を代表して貴方のご苦労に感謝します」。やっと認められたわけです。その噂は直ちに社内を駆けめぐり、私に試写を観せてほしいという申し込みが殺到しました。本当に代理店らしい話です。「会社サボらなければ観られませんよ」。私も一寸脅しました。

『東京裁判』の試写のスケジュールは、作品の性格から様々な層の方々への試写室での内覧の形のものと、ホールなどでの試写会との二つの方法で行なわれました。公開を急がないで評判を広めようという作戦ですから、その数も招待客の顔ぶれも異例なものです。円谷プロの円谷皐社長（当時）が大変に感動されて政界のトップに働きかけてくださいました結果、福田赳夫元総理の呼びかけで三木武夫元総理はじめ自民党の領袖《りょうしゅう》が勢ぞろいしての試写もありました。皆さんが岸信介元総理が映っている画面にドッときたのが印象的でした。終了後、我々にお礼は言われましたが、皆さんが重い感慨を抱いたまま感想を述べられずに帰られたのも作品に圧倒されたからでしょう。その他、歴史学や社会学の学者の方々、文壇の方々と普段映画の試写などに足を運ばれない面々が試写に来られました。特に気を遣ったのが右翼の大物たちへの対応でした。講談社としては一番右翼の反応を企画の当初から心配していましたが、下手に試写に招くわけにもいきません。こちらが彼らの意見などを伺うようなことをするのは絶対にしてはいけないことです。もし、そんな事実が知れればマスコミの餌食になるのは必定です。そんな時、試写の評判を聞かれたのでしょうか笹川さんから試写を観たいとの連絡がありました。東和の第二試写室に設定しましたら、笹川さんだけでなく世に言う右翼の大物たちが顔を揃えました。今度も感想なしでの散会です。然し、私たちの作った『東京裁判』が戦犯を冒涜したり、天皇の戦争責任を追及するだけのものではなく、正面から東京裁判というものに取り組んでいることは理解出来たようです。あの作品に異議を申し立てるには、それだけの根拠が必要です。映画『東京裁判』は私が責任を持ってそういった弱点がないような構成にし、ナレーションにも注意を払った作品です。観客は次々と提示される問題と取り組むだけで精一杯なのです。終わって暫くはボウッとして自分の今観終わったものを反芻するのに懸命になるだけなのです。

こうして試写が進むにつれて作品の評判は高まってきました。映画評論家の荻昌弘さんなどは、わざわざ小林さんを訪ねて来られ全スタッフに敬意を表してくださいました。

そんな反響にホッとした講談社から、タイトルに須藤副社長の名前を総プロデューサーと入れたいと言ってきました。完成した時点では講談社の責任者の名前は一切出さないというのが社の方針とのことでしたが、製作の主体である講談社の要請ですから受けるしかありません。私と安武さんの上に須藤さんの名前が加わりました。私としては入れるなら社の代表者である野間社長名を出すべきではありませんかと申しましたが、野間社長は終戦時の陸軍大臣の阿南大将のご子息で野間家に養子で来られた方なので、この作品についてナーバスになってをられるので副社長名でよいとのことでした。小林さんも私たちも須藤さんのお名前を加えるならば同列で企画の決定者であり当初の責任者でもあった故足澤専務のお名前も入れればと提案しましたが、却下されました。野間社長は完成してもなかなか試写を観ようとされません。発注した会社のトップが作品を観ないで公開するなんて筋が通りません。結局、社長との接点がある杉山さんが首に鈴をつける役を受け持たされました。野間社長は映画の製作途中に日刊現代の社長から本社社長になられました。野間社長だけのための試写を東宝東和が用意し、約束の時間に少し遅れて野間社長が杉山さんに案内されて来られました。アルコールの匂いが少ししました。野間邸のすぐ側の椿山荘で杉山さんと会われ、少しひっかけてから見えたようです。四時間三十七分は大変だろうなと心配していましたが無事最後までご覧になれました。終わってから近所の喫茶店でコーヒーを飲み暫くお話しました。鋭敏な頭脳の持ち主であることは少しお話するとわかりました。ただ、ご自分の個人的な環境からの心配をされているのが大変お気の毒に感じました。しきりに口の中で「おふくろがね。どう感じるか……」と呟いていらっしゃいました。遺族会の重要な役をされている母上やそのお仲間の反応が気にかかってをられる様子でした。作品が講談社としては結構なものになっているが、母上たちは大局的な見方よりも個人的な感情で受け止めるのではとの危惧があったようです。私たちとは全く違った悩みが野間社長にあることを知った一幕でした。

こういう試写を繰り返しながら、小林さんと私は東宝東和を困らせる要求を何度も出していました。試写に立ち会う度に、小林さんと私はナレーションの入る箇所やスーパーの出を一秒早めたらどうかとか遅らせたらどうかなどと思うのです。その微妙なズレを直すことで生理的な納得が生まれると思うと直さずにはいられません。当初はこれが音に聞こえた小林流と、感心して直しに協力してくれた東宝東和も、それが十数回となると悲鳴をあげ出しました。「もう、小林さんと荒木さんは試写に立ち会わないでください」と懇願されました。納品してからの直しは配給会社の費用ですし労力も大変なものです。鬼は生き返ったのです。直しだけでなく、小林さんは東宝東和本社の試写室の音響設備が悪いと文句を言われ、遂に途中で新しい設備に変えさせてしまったのです。「東宝東和ともあろう会社の恥ですよ」小林さんは申し訳ないなんて気持ちはなく、良いことをしているといった顔です。流石の私も恐縮しましたが、東宝東和の山下副社長はあまりのことに怒るより苦笑いされていました。その後、山下副社長は早世されたのです。その遠因になっていなければいいのですが……。

小林さんは日頃広言されていました。「僕と仕事する人は急死するんですよ」。私も死の淵まで連れていかれました。そんな小林さんとですが、この公開までの期間は私は機嫌よく接していました。製作の途中での腹の立つ出来事も、作品が完成し世の中に出て行く段階では忘れようと努めていました。それより仕上げた自分たちの作品を立派に世の中に出すのに懸命でした。世間からの評判が高まるにつれて小林さんは大監督のポーズを自然にとられるようになってきました。私がそんな小林さんを後ろからバッサリすることはないとの安心を、小林さんは持っていました。小林正樹作品として世の中が受け入れてくれることが私の本当の願いであることを、もうわかっていました。こうして最後のクライマックスの試写会の日が来ました。

東宝東和と製作側が網羅した招待客は四千五百人を超えていました。招待状には出欠の返事をお願いしてありました。四時間三十七分、インターバルの休憩などを入れれば五時間の試写会ですから三～四割くらいと思っていましたが、ご返事の葉書は出席が五割を超えています。会場は昔の有楽座を用意してありましたが、その二千の収容力でも足りない怖れが出てきました。急遽、東宝の協力で隣接するみゆき座も試写会場にしました。三十分遅れての開始です。日本映画の試写の歴史に残る出来事でした。各界の名士ばかりが一本の映画の試写にこれだけ集まることなど空前絶後のことでしょう。あの製作開始当時の事態を考えると夢のようです。通常の試写会ですと、監督やスタッフが壇上に並んで苦心談や裏話の紹介などをするのが常識ですが、小林さんはそんなことはしないと拒否です。「映画はそのまま観てもらうのが一番で、観る前に先入観なんか持って欲しくない」。もっともです。私もその意見です。東宝東和には諦めてもらいました。東宝東和はやむを得ずアナウンサーの八木さんに前置きの話をしてもらいましたが、内容には触れないという条件で八木さんは苦しそうでした。小林さんは映写の状態を心配されていました。映写が始まって一分くらい経つと映写室に向かわれました。音量を一目盛りだけ調整されました。その後みゆき座の映写室にも行かれて、そこでもチェックです。そういう自分の映画を最高の状態で観てもらいたいとされる小林さんの姿勢は、やはり尊敬に値するものです。試写会が終わり、賞賛のそしておそらくスタッフへのねぎらいの拍手が沸き起こりました。山下副社長はじめ東宝東和のスタッフもホッとされた面持ちです。来賓の中曽根康弘さんも感慨深げに階段をゆっくり下りていかれます。追いついてご挨拶しました。きちんと「堂々たる作品です」と評価してくださいました。後に聞いたところでは、南京事件のところは引っかかる点があったようですが、その場では全体としての評価をされました。見識のある方の態度でした。仲間の映画人が出口で待っていて声をかけてくれました。「本当にご苦労さんでした。お前さんがいなければこの作品は出来なかったよ。俺たちはわかっているよ」。小林さんという人を知る人々のその言葉は、私への最大のねぎらいでした。

こうして世間が『東京裁判』を高く評価している空気を見て、テレビ局が放映権を得たいと動き出しました。製作の主体の講談社に申し入れるのが筋ですが、タイトルに協力・博報堂とありプロデューサーに私の名前があるので、まず博報堂を通してとテレビ局は考えます。一番早くそして熱心だったのは、フジテレビの日枝久さんでした。彼とは旧知の仲です。鹿内春雄さんの信頼を得ている日枝さんですから、堂々と言い切ります。「フジテレビは絶対にこの作品を大切にし、そして最も効果的に放映することを約束します。放映権料についても講談社の言う通りのものを支払います。鹿内からも任されています」日枝さんの瞳は輝いていました。試写を観て直ぐ、日枝さんは絶対にフジで放映したいと思われたそうです。放送人としての使命とまで考えられたのです。私はその、日枝さんの真っ直ぐな気持ちに打たれました。作品はそれを理解する人の手に委ねられるのが幸せと感じました。早速、講談社の上野局長のところへ日枝さんをお連れし、直接上野さんに申し込んで頂きました。日枝さんはプロデューサーである私が推薦してくれたから講談社もそれを尊重すると考えていました。ところが、フジテレビから少し遅れてTBSも動き出しました。引田さんはじめ編成担当の方々が博報堂を訪問し、放映権獲得への協力を申し入れられました。博報堂は、講談社が決することなので積極的に動かず講談社にTBSの意向を伝えるだけにとどめました。そんな動きの中で講談社は、テレビ放映に関して電通と組もうとの考えを持ち出しました。電通は強力な代理店です。博報堂に『東京裁判』で遅れをとっていることを挽回するチャンスです。講談社の現場の意向を受けて、

ＴＢＳに放映権を売る仲介に乗り出しました。そこには、放映時のスポンサーの保証というお土産も用意しました。講談社の現場は、放映の条件が電通によって整えられているという理由で、トップに社としての結論を出させたのです。そういう時の博報堂はおとなしいものです。得意先の出された結論だからと泣き寝入りです。私を貸す時の態度が弱すぎたのです。無償で私を貸し出したのですから、当然その見返りに、タイトルだけでなくテレビ放映権の問題においても窓口となる権利くらいは取っておくべきでした。私は今も、個人的には日枝さんの熱意ある申し出でに応えられなかったことを申し訳なく思っています。

やがて公開の日が来ました。一日二回の興行ですから、観客動員は評判と比例はしません。講談社は公開の数字では回収は出来ません。しかし、それにも増して、歴史に残る記録映画を作ったという栄誉は残ります。その上、講談社はすべての映像資料を保管しています。大きな出版社の懐の深さは、そういった価値ある資料を保管するために本社の一角に資料室を作ることを可能にしました。そこには整理された形であの百万フィートを超える映像資料が納められています。その価値は、映画『東京裁判』を上回るものと言えるでしょう。世界にその種の映像資料は存在しても、講談社に保管されているようにアイテム別にはなっていません。それこそ後世にまでも残る講談社の偉業だと思います。

ビデオ発売の頃には、講談社の中には映像事業部が出来ていて窓口はそこになっていました。発売にあたってのパッケージの包装やチラシ等の宣伝材料について、私に何の相談もなく行なわれました。発売近くなって販売の窓口の東宝事業部からの連絡でチラシなどにプロデューサーとして杉山さんの名前が私たちと並んでいるのを発見しました。映画が公開される直前にも同じような形で杉山さんが新聞広告にプロデューサーとして名前を出したことがあり、その時にも厳重に注意してありました。杉山さんを咎めると小林さんには一寸話してあるとのことですが、そんなことは小林さんが許諾すべきものでもありません。私と安武さんは講談社の担当者と東宝の担当者に私たちが認められないことと抗議して可能な限り杉山さんをプロデューサーと表示してある宣伝材料の露出を防ぎました。私たちはそのような行いに対してそれ以上激しい対応をするのも大人気ないと思っていたのです。

その時の不快な気持ちが残ったままでいた1995年。『東京裁判』を再上映することが決まった時にまた同じことが起こりました。最初の試写に立ち会った時には製作時のタイトル通りプロデューサーは私と安武さんの連名になっていました。ところが公開された時にみゆき座でチェックしたら、何と杉山さんの名前が私たちと並んでいるのです。早速抗議してタイトルの差し替えを要求しました。私たちの要求が通り元に戻されたとの報告を受けましたので一旦は矛を収めましたがどうしても納得がいきません。このまま放置すれば同じことが起きるのは明らかです。私たちは講談社に正式に抗議しましたが、了解を求めなかったことについては謝罪するがタイトルの問題は講談社の権限内であると主張してきました。一旦固定されたタイトルを勝手に変更する権利は講談社にはありません。私たちはやむを得ず訴訟に踏み切りました。裁判官には映画の現場で起こった問題の真相を見極めるだけの知識もなく、ただ過去の判例などを辿るだけです。それでも、流石に杉山さんが私たちと同じプロデューサーのタイトルを表示することは不可となりました。ただその代わりに製作者である講談社が製作後十五年の時が流れてからでも杉山さんが製作者の仕事を果たしたと認めるならば、他の名称でのタイトル表示は許されるとの結論になりました。講談社側の弁護士からはエグゼクティブ・プロデューサーというタイトルで杉山さんの名前を表示する旨の返事がありました。

私は『東京裁判』で味わった屈辱の思いを、自分の仕事の実績で晴らそうと決意しました。博報堂では『風の谷のナウシカ』『ビルマの竪琴』を成功させました。『ビルマの竪琴』では、あのフジテレビの日枝さんのお力添えを得て軌道に乗せることができました。私は作品の出来に貢献しました。フジテレビは、局の力によって興行的に大成功させました。日枝さんへのせめてのお詫びが出来ました。それらの成功を背に、私は胸を張って博報堂を辞め、荒木事務所という小さな映画製作を主たる業とする会社を作りました。『孫文』『螢川』『次郎物語』『飛ぶ夢をしばらく見ない』『死の棘』『アンネの日記』等々の、内外で高く評価を得られた作品を作り出しました。

もう、小林さんも亡くなってしまいました。小林さんが亡くなったら、『東京裁判』のあそこの部分は直したいとの思いがずっとありましたが、それは無理なことでしょう。

私には永遠に残る悔恨がありますが、それでも『東京裁判』は自分でも立派な作品であるとの誇りは持っています。出会えて良かったと思うことにしましょう。

IV

『次郎物語』の成功

私には、『ビルマの竪琴』の時にもそうだったように、本来リメイクには賛成出来ない思いがあります。リメイクされる作品はその元の作品が名作だったわけですから、それを超える作品が出来ないと思わねばなりません。既に作られた素材を再び取り上げるなんて知恵のない話です。塗り絵に色をつけるだけの仕事に思えます。興行的にはよく知られた素材ですから安全な面がありますが、プロデューサーとしてはそんな発想は持ちたくありません。特に『次郎物語』という企画は、私の若い時代に、松竹で何度目かのリメイク作品に企画助手としてついたことがありましたので、全く興味は持てませんでした。キネマ東京の高橋さんが『ビルマの竪琴』の成功に味を占めてか企画を動かしはじめる時に相談に来ましたが、ハッキリ興味がないとお断りしました。高橋さんは、県民映画と称して富山県で『螢川』をやったりしたので『次郎物語』も佐賀県の県民映画として展開しようと思っていたようです。また原作者の下村湖人さんが日本青年団との関係が深かったため、全国の青年団の組織を利用して動員を図ろうとも考えていました。でも、私にはそういった計画が実際に展開された場合、思惑外れになるだろうとの危惧がありました。企画している本人はうまくいくとすぐ思ってしまうものですが、現実には映画の動員はそんな甘いものではありません。

冷ややかに見ていた私が突然『次郎物語』にかかわることになったのは偶然の出来事からでした。ある日私は、某テレビ局の編成の人に会いに行っていました。用件が何だったのかは忘れましたが、その用談が終わる頃に、少し離れた席の局長クラスの人のところに高橋さんが『次郎物語』の協力依頼に来ているのが見えました。高橋さんは懸命に『次郎物語』の売り込みをしていました。私のところにもその会話が聞こえてきました。私には、高橋さんの売り込みは成功しそうにないような気がしました。相手の方には全く『次郎物語』という企画に乗る気がありません。それでも高橋さんは食い下がります。とうとう相手の方は話を遮って自分の意見を話し出されました。私は、その意見の内容と話し方に突然怒りを感じました。断るためでしょうが、それは無礼でしかも尊大な態度でした。私は友人として、高橋さんをそんな恥辱の中においておけないと思いました。私は二人の話されているところに近づきました。相手の方のこともお顔くらいは知っていましたので「失礼します」とご挨拶しました。そして高橋さんにまず話しかけました。「高橋さん、自分の企画がこんなに侮辱されているのに我慢するのは止めなさい。あなたの方からお断りしなさい」。そして相手の方を振り返り、冷静に話しました。「お聞きしていますと、あなたが『次郎物語』には全く乗っていらっしゃらないのはわかります。お断りになるのは当然のことです。ただ、外部の人の企画を断られる時にはそれなりの配慮が必要かと思います。先程お話しされたような企画そのものを馬鹿にしたような発言や、高橋さんの考えている展開をまるで詐欺のようにおっしゃるのは、テレビ局の幹部としてマナーがなさすぎます。断るなら相手の面子を傷つけないくらいの配慮が必要です。高橋さんにはおたくの局への売り込みは諦めさせますが、この企画は今後私が参加して実現させます。実現した時におっしゃったことが正しかったかどうかお考えください」。私は高橋さんを促して席を離れました。日頃出入りする人間に対して上位に立っていることが当然と思っていた方には、私の発言は思ってもいなかった反撃だったのでしょう。怒りの表情が今でも記憶に残っています。

そんな弾みで言ってしまったタンカのために、私は高橋さんを助けて『次郎物語』の映画化に参画することになりました。私の中には、『次郎物語』を安易な形でリメイクしてはいけないという思いがありました。『次郎物語』は戦前から何回もリメイクされてきた素材ですから、日本人の好む味がその中にあるのは当然です。然し、高橋さんの考えているようなノスタルジックなだけのリメイクは、現代の観客にそっぽを向かれるのは目に見えています。

企画が陳腐に思われるだけに、出来上がった作品にはアッと言わせるだけの魅力が必要です。その魅力を公開前に観客に予想させるだけの大規模なＰＲ作戦も必要です。そのためには投資する企業そのものに間口の広さがなくては無理です。

高橋さんは過去に『人間の約束』という映画で縁があった西友の山口さんを頼って投資を頼んでいたようですが、西友のオーナーである堤清二さんの好みの題材ではないので山口さんも会社に取り次ぐのを躊躇されていました。その情報を聞いて、私は山口さんとお目にかかりました。山口さんは、上に取り次ぐには、素材以外のメリットというか投資するに値するテーマがほしいと言われます。たとえば学研のような、前売りの力があって子供とその親の層に強い企業が参画してくれるならばと、現実的な社名を挙げられました。学研なら、私は博報堂時代に繋がりがあります。『南極物語』の時には裏で色々とアドバイスをして差し上げました。トップへ繋げるルートも考えられます。早速、オーナーの古岡会長にお目にかかり、西友の意向を伝えました。古岡さんは『次郎物語』についてはよく御存じでしたので、企画の中身よりも西友の堤さんと組むという展開に興味を抱かれました。堤さんとのトップ会談の日取りが意外な早さで決定しました。オーナー会社同士の話は、やはりオーナーの握手なくしては進みません。両社のオーナー会談には私は立ち会わず、山口さんの仕切りで行なわれました。両オーナーともにスンナリと、『次郎物語』プロジェクトを協同で展開することに基本的な合意をされました。企画だけではなかなか成立しにくい題材ですが、こういった、展開というか組み合わせの妙が突然企画の実施に繋がることもあるのです。

こうして、西友、学研、キネマ東京が各30％ずつ、荒木事務所が10％という出資比率のプロジェクトが発足しました。総額三億三千万円でその内二億八千万円が直接製作費、五千万円はプロモーション費としました。製作委員会方式をとり、委員会の代表は堤さんと古岡さんになって頂きましたが、実質的に委員会を統率しジャッジするのは私ということにしました。キネマ東京の製作現場の勝手な動きを防ぐことや、製作費予算の管理といった業務は出資社よりも私の方が適任ですし、このプロジェクト全体の設計者として私が全責任を負うことが一番スムーズに事が運ぶと皆が同意してくれました。実際、西友の山口さんにしても学研の責任者の永野宣伝局長にしても、オーナー会社の社員ですから、製作委員会の決定事項をオーナーに伝える場合に私が結論を出したというのが無難な方法です。もし、オーナーが不審に思われた場合は私が直接ご説明に上がると言ってありますから、オーナーもそこまではなさらない筈です。私も委員会の期待に沿うように次々に方針を出していきました。

キネマ東京の企画ではあってもその内容は一新されました。まず、作品の基本的なテーマを現代の子供たちのお母さんが賛同出来るものにしようと思いました。従来の『次郎物語』は乳母に育てられた次郎が祖母からイジメられる話として定着しています。今回の映画化ではそんな暗い印象の作品にはせずに、もっと前向きな提言が含まれた気持ちのよい作品にしようと思いました。既に、キネマ東京は脚本を佐賀出身の井手雅人さんに書かせてありましたし、監督の森川時久さんも井手さんと何度も打ち合わせを重ねられてお二人の中ではどういう映画にするかが固まっていました。井手さんの脚本は、さすがにベテランですから構成もしっかりしています。その脚本に、生真面目な森川さんは更に明治の後半の日本という時代の持っていたテーマを加えようと考えてをられました。間違っているとは言えませんが、今日の『次郎物語』とするにはズレがあると思いました。私はキネマ東京にお願いしてお二人と会わせてもらいました。お二人とも、出資社の意見なんてとはじめから撥ね付けようというお顔でした。然し、私がお話ししていく内に徐々に聞く顔になってきました。私はお二人の方針を踏みにじるのではなく、より豊かな映画にするための提案をしました。脚本の変更などはあまりなく、ただストーリー展開の要所要所で幾分かのニュアンスの変更をお願いしました。ノスタルジックになりがちな素材を今日に繋げる窓が開いたものにして頂きたいと、具体的な提案もしました。主題歌が「青葉茂れる桜井の」が歌い出しの明治時代に発表された唱歌『楠公の歌』になっていましたのを、新しい曲をさだまさしさんに作らせることも提案しました。

「そんなことがうまくいくかい」と井手さんはおっしゃいましたが、『楠公の歌』では全く今の観客の心を動かせないことを話してお任せ願いました。

困難な話し合いでしたが井手さんと森川さんの素直な対応で何とか説得が出来ました。話し合いが終わった時に井手さんがおっしゃいました。「君があの荒木君かい。ほら『佐田啓二を偲ぶ会』の世話人をやっていた……」。私が頷きますと我が意を得たりという顔で「やっぱりそうか。君からの案内状や報告書をもらって実は感心していたんだよ。まだ一度も参加していないけど、菊島さんたちから君のことは聞いていたよ。今日、君の話を聞いていてひょっとしてあの荒木君かと思ってね。あの荒木君なら安心して任せられるよ」と言われました。私が世話人をずっと務めていたゴルフコンペの運営の評価がこんな時に役立ったようです。私はこの機会にと、森川さんに撮影上の一つのお願いをしました。それは、『次郎物語』という映画の画面で、緑を意識してほしいということです。「緑の中でこそ子供は育つ」、そういったイメージが自然に観客の心に残る映画にしたかったのです。そのためには、ロケの時期が稲の緑でない時は麦の緑でもよいと付言しました。真面目なリアリズムより、映画の基本トーンを出すためには嘘であってもよいのです。このお願いは撮影で生かされて『次郎物語』という映画には緑の田畑と青空がふんだんに出てきます。それが『次郎物語』という映画を明るく前向きな作品としたのです。監督と脚本家と私の合意は、映画を肥らせたのです。

基本的な製作の方向を定められたので、撮影の現場はキネマ東京に任せていました。ところが、全く私が把握していない事態が起きました。キネマ東京はロケーションの主舞台である佐賀との交渉で冒頭の干潟ロケの日程を決めていたため、主役の子役を勝手に決めて撮影をはじめていたのです。西友の山口さんのアシスタントがその事態を知らせてくれました。山口さんをはじめ製作委員会のメンバーは、主役の子供のイメージについて、あまり田舎っぽくない少年にしたいと思っていたので驚きました。森川監督がオーディションで選んだ少年は、製作委員会の望んだイメージとは正反対のタイプです。真面目な森川さんは自分の中の次郎を選ばれたのです。私は早速、委員会の意向を背負ってキネマ東京の高橋さんと森川さんに改めて選考し直すよう伝えました。お二人とも、主役の選定やロケの日程は製作会社の責任において行なえるはずと主張されましたが、私はこの作品の成功のためには出資社のバックアップが必須の条件であることを説明しました。従来の映画では製作側が勝手に決められることが多かったのですが、このようなプロジェクト映画は監督のイメージだけで進められると基本的な設計に狂いが生じます。製作会社の社長も監督も、製作委員会の意向を無視出来ないことを、この事件を機会に十分認識してもらいました。監督の面子は丸潰れになって、スタッフ内からも軽蔑する動きがあったようですが、作品を魅力あるものにするためにはやむを得ません。私が全体を統括している以上、回り道でも命じざるを得ません。キネマ東京の高橋さんは、企画が成立したことでホッとして後は自分の思った通りに動かせると思われたのでしょうが、西友と学研が出資することを決定したのは私のイメージした『次郎物語』という映画なのです。私がこの企画で「設計・荒木事務所」というタイトルを明示したのは、従来の映画の「製作」といったタイトルでなく、建築における設計のように現場や建築主を超えた立場であることをはっきりさせたかったからです。

そんな事件があったため、すべての配役についても私が承認することになりました。既に大半の役についてはは森川さんのイメージで進んでいましたが、それは賛同出来る選択でした。乳母役の泉ピン子も、当時の人気と彼女の庶民性から適役でした。ただ、主役の少年の両親の役は、作品の品格を定めるだけに重要でした。キネマ東京が交渉中の男優は主役でないことから難色を示しているようでしたので諦め、私は加藤剛さんに出演を依頼しました。彼なら観客が抱く父親の理想像を自然に演じてくれると思いました。俳優座の映画・テレビの責任者の古賀さんとは旧知の仲ですし、加藤さんとも木下恵介作品などで気持ちが通じています。加藤さんが決まれば、その相手役にはバランス的に高橋惠子さんを起用するのが一番よいと考えました。次郎の母は病で亡くなる役です。それだけに次郎のイメージの中に美しさが残らねばなりません。高橋さんは実際にはしっかりした性格の役者さんですが、はかない美しさを出すことが出来る天与の雰囲気を持っています。次郎の両親がお二人で決まれば作品の全体の空気が決まります。配役は単純に役者さんの人気だけでは出来ません。その作品全体のイメージがつかめてこそ可能なのです。このお二人と父方の祖父役の芦田伸介さんの出演については、私も協力しました。芦田さんとも、『七人の刑事』の頃からのお付き合いです。直接お手紙して、ギャラも安くして頂いて出演のＯＫを頂きました。

森川さんもはじめはいちいち面倒だなと思われたようですが、私と相談していく内に作品のイメージもこういうことなんだとわかってこられてフランクに話されるようになりました。私が単に出資社のお使いさんではなく、寧ろ作品をよくするための協力者であることを知って頂けたのです。こういう信頼関係が出来れば安心です。改めてのロケ出発の時は、「お頼みしましたよ」と握手し、私は現地には殆ど顔を出しませんでした。森川さんは、「留守中、編集の鍋島さんとラッシュ見といてください」と言い残して出発されました。その言葉は、私を全面的に信用していますという意思の表現でした。二人は共犯者になったのです。

一方、製作を離れて配給、興行についても固めていかなければなりません。大きな前売りをするには大きな興行のネットワークが必要です。そのためには東宝の協力が絶対に必要です。百万枚を売ってくださる人々に全国の優れた劇場を用意してあげねばなりません。東宝とは『ビルマの竪琴』で実績を見せていますが、今度は博報堂の荒木ではありません。その上、企画は『次郎物語』という映画界にとっては首を傾《かし》げるものです。今更『次郎物語』を、しかもあの『若者たち』の真面目な森川さんが演出してと、否定的な空気が起こるのも当然です。東宝としての魅力は、西友と学研による前売りの力だけです。当初は夏休みの興行ではなくと言われましたが、それでは百万枚の前売りは不可能です。私は、百万枚は目標の数字ではなく現実に約束出来る数字であると確言しました。ようやく、夏休みに入る二週間前の封切りで夏休みの前半をカバーすることで決着をつけました。製作委員会は夏休み全部でないことに難色を示しましたが、百万枚の前売りがあれば、邦画番線での興行が終わっても洋画系にムーブオーバー（追加興行）することが出来ると説明して納得を得られました。こういった東宝との交渉には、私は西友の方も学研の方も決して同行させずに自分一人であたりました。それが、私が責任者であり設計というタイトルを明示していることの意味を東宝に理解してもらうことに役立ったと思います。次第に百万枚は、ハッタリではなく本当の数字と信じてもらえてきましたし、作品の中身も自分たちの想像しているものよりは現代的な味のものらしいと思われてきました。

そういった製作委員会の運営が出来たのも、当初の段階で二人のオーナーが名前だけの代表でよいと決断してくださり、その意を受けて西友の山口さんと学研の永野さんのお二人の責任者が私を立ててくださったからです。特に西友の山口さんは、ご自分なりの映画へのご意見をお持ちの方だったので自分を抑えるのに苦労されたでしょう。私も山口さんのことを以前から存じ上げていたので、そのあたりはよくわかっていました。出来る限り彼の意向を前もって聞き出して差し上げるように努めました。決して西友、学研のどちらかに組みすることのないように心がけましたが、それぞれの責任者の個性に合った対応はしたつもりでした。

撮影は一応順調に進んでいきましたが、あの『楠公の歌』に代わる主題歌の製作には思わぬ苦労がありました。主題歌を加藤剛が屋根の上で歌うシーンが近づいても、さだまさしから曲が上がってきません。クランクイン前からいつまでにと頼んであったのですが、期日はとっくにすぎています。監督との打ち合わせでもイメージの上で一致していましたのに、あのさだまさしが苦労しているようです。彼は売れっ子ですから、ツアー中の旅先に何度も催促のご連絡をしました。加藤さんは真面目な方ですから、予め歌を自分のものにしていないと撮影出来ないと訴えてきます。その訴えが、段々怒りに近いものに変わってきます。音楽だけは、こちらがどんなに焦っても何の手段もありません。

ようやく、撮影を数日後に控えた時に、さだまさしから待望のテープが届きました。そのテープの冒頭に、さだまさしから加藤さん宛てのお詫びの言葉が入っています。さださんらしい誠実な中にユーモアも込められた素敵な話し方で、何故遅くなったかの説明がありました。そして、「どうしてもこのメロディしか出てきません。これでお願いします」というセリフの後にギターのイントロが入ります。「あれ！」と驚きました。あのスメタナのモルダウのメロディです。歌が続きます。『男は大きな河になれ』。その歌詞は私たちの目指す『次郎物語』のテーマを見事に語ってくれています。ジーンと来ました。勝ったと思いました。さださんはモルダウしか出てこなかったと詫びていましたが、あの名曲を利用しながら『次郎物語』という日本の物語の立派な主題歌にしてくれたのです。早速加藤さんに届けました。加藤さんも最初のさださんの挨拶の率直さに打たれたとのことです。その上に、出来上がってきた主題歌の素晴らしさに待たされた恨みもすっとんだようです。監督も喜ばれました。あの音楽の打ち合わせの時に監督が「たとえばあのモルダウのようなスケールのある……」と発言されたのがさださんの心に残り、それが結局素直にモルダウのメロディを使おうというさださんの決心に繋がったのです。作曲家にとっては物凄くつらい決断だったと思いますが、作品全体を考えると最高の決断でした。『楠公の歌』が『男は大きな河になれ』に変わって、『次郎物語』は現代の作品となりました。脚本の井手さんも完成された時に唸られました。「君、良かったな。この曲は効いてるよ」。変更を申し入れた私は本当に救われました。映画は本当にそれぞれのパートの力の結晶なのです。

撮影が最終段階に差し掛かり、セミ・オールラッシュが終わった時点で私は主だった出演者に手紙を書きました。ラッシュを見てそれぞれの役者さんが実に見事にご自分の役割を演じてくださっているのに感動したからです。お一人お一人に私なりの感動のもとをお伝えして感謝したかったのです。その私の気持ちは素直にわかって頂けたようで、何人かの役者さんから「あんなお手紙ははじめてです」とのご挨拶がありました。

色々なことはありましたが、ようやく映画は完成しました。スタッフの熱意と努力に俳優さんたちの見事な演技、それに加えて音楽の力が『次郎物語』を大きくしてくれました。出資してくださった西友、学研も大変に喜んでくださいました。これで、前売りを推進出来るとのことです。どんなに組織を動かしても、肝心の作品の力がなければ動員は難しいものです。配給の東宝も出来上がりの良さに驚いてくださいました。特に松岡社長はわざわざ私に感想を伝えてくださいました。「正直私は『次郎物語』という素材と森川さんが監督なさるということで教育映画のようなものになるやろと思っていましたが、拝見して驚きました。立派な作品ですし、スケールもあります。やりようによっては、こういうように映画は化けるということがよくわかりました」。その松岡さんの受け止め方は、東宝の現場の方にも影響していきました。皆さんが『次郎物語』を成功させようと動いてくださいました。

完成披露試写は、当時の浩宮さまをお迎えしてのロイヤル試写会でした。松岡社長のご先導で入場される浩宮さまを出資各社のトップやメインスタッフ、出演者がお迎えします。西友は堤さんではなく高岳会長、学研は古岡会長の代理で古岡社長ですが、出資社としては光栄な出来事です。出演者も女優さんは和服で威儀を正しています。浩宮さまは上映が終わってからも直ぐにはお帰りにならないで出演者たちにもねぎらいのお言葉をかけてくださいました。私にとっては値切った人もいますので、これでお返しになったかも知れません。

公開までの宣伝期間には、西友や学研がそれぞれのフィールドでサポートしてくれました。私の古巣の博報堂も自社の買い切り枠の広告などを提供してバックアップしてくれます。前売りの数字も目標に達することが出来ました。それも西友、学研両社とも大きな差のない数字になってめでたしめでたしです。というのも、私はプロジェクトの発足にあたって、利益配分については各社の貢献に応じた比率の配分を確言していましたので、あまり両社の前売りの数字に差があってはまずいと思っていました。その上、西友の店内での広告や販促キャンペーンと、学研の全国規模での販売員を通じての宣伝とイベントもうまく連動しましたし、各地の試写会もよい反応でした。

ところが、七月のはじめに全国公開されたのですが、初日の観客の入りは期待に反して平凡な数字でした。まだ夏休みに入っていないからと思いましたが、百万枚の前売りが眠っていてはと心配しました。東宝に予め用意してもらった洋画系へのムーブオーバーが無駄になってはたまりません。さしもの私も少し不安を抱きました。自分の中で感じている手応えと違った数字が二週間続きました。ようやく夏休みに入りました。途端に観客動員は驚くほどの勢いを増しました。『次郎物語』は、夏休み映画として観客に確実に認識されていたのです。

それは、東宝の興行部の予測以上のものでした。特に、都心部以上に、周辺部や地方都市での観客の入りは凄いものでした。交通費をかけないで自宅の近くで親子で観るというのが『次郎物語』の特徴でした。選挙でいえばドブ板選挙の勝利です。邦画系での上映は二週間しか残っていませんでしたが、洋画系でのムーブオーバーの手が打ってあったので何とか観客が拾えます。結局、邦画系での収入と洋画系の収入は、62％対38％の比率でムーブオーバーの貢献は大でした。百万枚の前売りも、実際に劇場に着券した総数が97％という異常な高さでした。『次郎物語』は、企画の古さを吹っ飛ばして現代に通用する『次郎物語』として受け止められたのです。その事実には当初首を傾げてをられた堤清二さんも驚かれたようです。堤さんは知的な財界人として定評のある方ですから、学研と組んで損することはないとは判断されたでしょうが、作品として高い評価を受けられるとは思っていらっしゃらなかったのです。担当者の山口さんの顔は立ちました。学研でも、世間一般からの評価が高かっただけでなく、文部省関係者はじめ教育の世界での評価があったことは商売上大変なメリットとなったようです。

配給収入は十三億と東宝の当初の目論見の倍近くになりました。もし、公開が夏休み中を邦画系でやれていたら二十億近い数字にはなったでしょう。

映画はヒットするとすべての面でよいことばかりです。利益配分の方式に当初は不満を言っていたキネマ東京の高橋さんも納得です。目先の利益より映画は大きく育て上げて配分の原資を大きくすることが大事なのです。たとえ企画者にとって一見不利な方式でも、出資社が頑張ってくださって大ヒットに繋ぐようにすれば結果は有利になるのです。

『次郎物語』は、文部大臣から優秀映画として顕彰され百万円を頂きましたし、財団法人東邦生命社会福祉事業団からも児童福祉文化賞として記念の盾と賞金を頂きました。名誉も得られたのです。その上、ビデオの販売でも有利な保証が前金で貰えました。

公開から一年後には一億円近くの放映権料をフジテレビから頂けました。既に映画としての興行で十分元を取ってありますので、それらはすべて余禄です。

あの某テレビ局の幹部が馬鹿にした企画は、こうやって成功しました。あの時、ついカッとなって手を出すことになった私にとってはホッと出来る結果でした。

後日談になりますが、フジテレビで全国放映された数年後、『次郎物語』は第二回目の放映権を例のテレビ局に販売しました。過去の経緯を御存じない担当者は『次郎物語』を高く評価してくださったのです。

学研の責任者であった永野さんも西友の山口さんも、その後まだお若いのに急逝されました。この文を、私はお二人に感謝の気持ちで捧げたいと思います

V

『死の棘』の真実

小栗康平という監督の名前を知ったのは、私が『東京裁判』のプロデュースをしていた最中でした。『東京裁判』は製作に五年もの歳月がかかった作品ですから、キープしてあったスタッフも途中で他の仕事に行かねばならない状況でした。録音の西崎さんから、新人監督から頼まれた作品があるとの申し入れがありました。小林正樹監督は常に自分の身辺に信頼出来るスタッフがいてくれることを望んでいらっしゃいましたが、製作費の関係やスタッフの士気を高めるためにも、映画の現場につかせてあげたいと私は了承しました。

やがて、そのお仕事が終わって『東京裁判』の製作ルームに戻って来られた西崎さんから、「あの、ちょっと相談があるんですが」と話しかけられました。西崎さんはとてもシャイな方で、どうしようかためらわれてからの発言でしたから、話の焦点がよくわからず困りましたが、やっと、新人の小栗さんの『泥の河』という作品が出来たのだが、映画各社に見せたところどこも乗ってくれず配給が決まっていない、何とか力を貸して貰えないか、とのこととわかりました。当時は文化庁の優秀映画賞の奨励金が一千万円と決まっていて、それを頂けることは低予算で採算が危うい作品にとっては有り難いことでした。その資格を得るためには、少なくとも三日間の劇場若しくはホールでの有料公開が必要条件でした。もう締め切りの時間も迫っています。早速、『泥の河』という作品を試写室で観させて頂きました。西崎さんがおっしゃったように、なかなか瑞々しい作品で、新人の良さがありそれでいて映画として破綻のない見事な出来でした。時間的にメジャーを説得することは無理ですから、私は一計を案じました。それは、勅使河原宏さんに味方になってもらって、草月ホールを三日間空けてもらうことでした。勅使河原さんなら授業の日取りなどをやり繰りしてくだされば可能です。

早速、勅使河原さんにご連絡し、ストレートにお願いしました。勅使河原さんとは木下恵介監督や小林監督を通じて知り合っていましたし、新しい草月会館が出来る時に会館の事務局長をやってもらえないかと打診を受けたこともあります。勅使河原さんは早速『泥の河』を観てくださり、「昭和三十年代にはこういう味の作品があったよね。でも、よい作品だから協力しましょう」と直ぐにホールのスケジュールを変更され、こちらが希望する時期に公開出来るよう計らってくださいました。そのことが『泥の河』に却って幸せを齎《もた》らしました。批評家や新聞社の文化担当には、短い公開ですから見逃さないようにと、やや脅迫に似た案内をしました。テレビの映画担当者にも声をかけました。その結果、予想以上の反響が起きました。あれよあれよという間にその年のベストワンに選ばれたり、小栗監督には、日本映画監督協会新人奨励賞はじめ多くの栄誉が与えられました。勿論、文化庁の一千万円は頂けましたし、全く配給に非協力だった映画会社も評判に驚き、製作費を回収出来るに十分な保証で引き受けると言ってきました。映画には運が伴うことがあります。小栗さんは強い運を持った人なのでしょう。

西崎さんは私を小栗さんやプロデューサーの木村さんに紹介してくださいましたが、ちょっと手を貸しただけの男がのさばるのも照れ臭く、お祝いのパーティーにも顔は出しませんでした。少しの時間だけ話した小栗さんは、新人の青臭さが感じられない静かな作家で、人の気持ちを引きつける天賦の能力を持つ人だなと思いました。

その後、小栗さんは『伽倻子のために』を作られて日本映画界の特異な存在としてその力を示していましたが、私との接点は殆どありませんでした。ただ、私が博報堂を辞めるちょっと前に出会った時に、「実は今、島尾敏雄さんの『死の棘』をやりたいと思っているんですが……」と頭を掻きながらはにかんで言っていたのは覚えていました。

私は『東京裁判』の後、『風の谷のナウシカ』に続いて『ビルマの竪琴』を手がけ、博報堂に映画という仕事が事業として成功するものと思わせてしまいましたので、このままでは映画をビジネスとしてやっていく役割が与えられそうになると感じて辞表を出し、わがままな映画作りを目指す「荒木事務所」という小さな会社を作りました。自分の判断だけで映画を作る――。それが若い時に映画を目指し、ある時に挫折して映画を諦め、そして運命が再び映画という仕事を私の前に置いた時に、私の心に芽生えた夢でした。独立後、中国の『孫文』の製作協力をしたり、須川栄三監督の十年越しの夢であった『螢川』を実現させたり、新しい時代にマッチした『次郎物語』を西友と学研との提携という設計図で花開かせたりと、自分のペースで事務所を維持していました。

丁度その頃、NHKが大きな力を注いで開発していたハイビジョンが、実験段階から実用段階に入りはじめていました。東宝や松竹が第一回の共同製作を企画しており、私は博報堂のCM制作の責任者の方から推薦を受け、内田健太郎という有名CMディレクターからの企画

『西遊記』をＮＨＫに提出しました。どういうわけか、大手の会社より私の小さな会社の企画が選ばれ、その製作が大船撮影所で行なわれることになりました。そしてその『西遊記』のキャラクターデザイナーとして働いてくださった剣持さんが、小栗監督の高校の先輩でした。

そのことを知った私は剣持さんに「小栗さんはどうしてるの?」と尋ねました。「ブラブラしてますよ」「『死の棘』やりたいと言っていたけど、どうなったの?」「さあ、なかなかうまくいかないようですよ」。そんなやり取りで終わってしまったのですが、ある日、突然小栗さんが現れ「覚えていてくれたの、嬉しいな」とニヤッと笑います。聞けば、『死の棘』の企画は、色々なところに持っていったが題材が題材だけに敬遠され、どこもが『泥の河』のようなものならと言われたようです。もう『泥の河』には戻れない小栗さんには、そんな日本映画界の反応の鈍さに気力を失いかけた時に、剣持さんから私の話が出て藁にもすがる気持ちで現れたのでしょう。私も『西遊記』に燃えて取り組んだのですが、どうあがいてもＣＭの巨匠は一時間半の映画を持たせる術はなく、アイデアだけでは作品にならないことが明らかになってからは、監督の分野にまで口を出してようやく仕上げたという情けない経験をしたばかりでしたので、私自身も次は自分の中の映画人としての誇りにかけても納得出来る作品に取り組みたいとの思いが強くありました。私は、人がなかなか出来ない難問と取り組むのが生来好きなようです。松林宗恵監督にも十年のブランクを破って東宝で『関白宣言』を撮って頂きましたし、小林監督で『東京裁判』という難物も仕上げました。『螢川』も須川監督が十一年もの間実現出来ずにいたのを軌道に乗せました。『風の谷のナウシカ』だって、最初は徳間書店の役員会で映画化が否決されたのを、博報堂が半分出資するという形で実現に漕ぎ着けたものです。『死の棘』も、設計図を誤らなければ可能性はあります。何より、小栗さんという監督は日本映画にとって大切な才能なのです。

その日の私の話は簡単でした。普通の、文芸物とか病妻ものでの売り込みでは見込みはないこと。映画化に乗ってもらうために相手を安心させるやり方では相手は落ちない。小栗さんが純粋にやりたい『死の棘』でいこう。あのような題材なのだから、テンションの高いところから入っていかないと、観客は『死の棘』の世界に入れませんよ――。私の話に小栗さんは不思議なことを言う人だなという表情でしたが、反面、我が意を得たりというところがあったのでしょう、ニヤッと笑って帰っていきました。

二か月ほど経ったある日、小栗さんから「脚本が書き上がったんですが」と連絡がありました。持ってきた脚本を読んで、私は直ぐ小栗さんにＯＫの返事を出しました。主人公が幻想するシーンだけはいらないと思いましたが、作家の思いが貫かれたよい脚本でした。脚本を得た以上は動くのみです。私たちは女主人公の人選をまずはじめました。有力な女優が是非この役を演じたいと思い込めば、それは実現の力になります。数日後、小栗さんが『椿姫』という映画を観てきて、「松坂慶子はちょっといいですよ。変に一途なところがあって、ひょっとしたらミホの役をやれるかも知れないと思います」と言いました。瞬間、私の頭に作戦が閃きました。松坂はまだ当時松竹の専属でしたが、島田事務所にCMなどを任せて松竹から離れる気配を見せていました。

　私は直ちに松竹の奥山副社長にお目にかかりたいとお電話しました。奥山さんも突然の申し出に驚かれ、一体何の用事ですかと尋ねられます。「実は小栗康平監督の新しい企画が脚本になって私の手もとにあります。そのことで奥山さんにご相談があるのです」「小栗さんですか。私は国際も担当していますが彼は海外でとても評判の高い人ですね。お話、お聞きしましょう」。奥山さんは直ぐ反応してくださいました。十五分後、私一人で松竹本社の奥山さんの部屋に入りました。座るやいなや、私は言いました。「小栗の作品に松坂君をお借り出来ませんか？」「なに、松坂を小栗さんが使いたいと言われているのですか？　題材は何です」「御存じないかも知れませんが、娯楽性とは遠い原作です。島尾敏雄さんの『死の棘』です」「うーん……私は読んだことがあります。つらい話やで、あれは」。いつの間にか奥山さんは関西弁になっています。「松竹さんでは難しいことは承知しています。だから、彼女をお借りしたいのです」「うーん、小栗さんが松坂をね……それは有り難い話やが……。荒木さん、三時間ほど考えさせてくれまへんか。夕方までにあなたの事務所に電話しますから」「貴重なお時間を割いてくださって有り難うございました」。私は一礼して去りました。

　夕方、奥山さんから電話が入りました。「あの話、松竹として受け止めたいと思います。松坂を貸すのやなくて、小栗さんとあなたが松竹に来て撮ってくれませんか？　詳しいことは明日来て頂いてそこで話しましょう」。こうして『死の棘』は登頂ルートを得られたのでした。何年も実現出来なかった企画でも、糸口をちゃんと見つければ可能となるのです。松竹は松坂の処遇に困っている。次に出す企画もない。そこに小栗さんの話です。題材は怖いが賭けるにたるものがある。奥山さんにとっても、小栗監督が松竹で撮り、主演は松坂だ。これは話題性がある。しかも、直接自分のところに来た話である。決断の根拠はそんなところだったでしょう。

翌朝、今度は小栗さんも同道しました。奥山さんはニコヤカに迎えてくださいましたが、一晩の内に経営者としての打算が働き出したようです。まず、この企画は自分が決断して決めたので自分に責任がある。『死の棘』という題材だから興行的なヒットは期待しないでいるが、やはり採算を度外視は出来ない。ついては、製作費の上限は二億にして貰いたい。私は、既に脚本を分析し直接製作費は二億五千万は必要と弾いていましたので、どうしてそれだけかかるかの根拠を説明しました。いろいろなやり取りがありましたが、結局松竹は二億四千万までしか出せず、それ以上の分は荒木事務所が負担することで決着しました。私も共同製作という立場で発言権を確保したいと思っていました。この企画のポイントはそう簡単にわかるものではありません。松竹のサラリーマン的な立場の方たちの発言に振り回されたくありません。私からの条件として、脚本、キャスティングについてはこちらに一任してほしい、その代わり作品の純度については保証するし、松坂も蘇らせて見せる、と伝えました。こうして、『死の棘』

は製作の軌道に乗ることになりました。互いに握手して前途の夢に歩みはじめました。小栗さんも短時日の展開に驚きながら嬉しそうでした。

然し、順調な映画製作なんてなかなかありません。まず、原作の権利を荒木事務所のものとするため、小栗さんと島尾さんの未亡人のミホさんのいらっしゃる鹿児島に飛びました。小栗さんは島尾敏雄さんのご生前に原作を頂く口約束をしてありましたが、今度はミホさんが当事者です。しかもミホさんは主人公のモデルです。私小説ですからリアルにミホの狂態が書かれています。何らかの条件がつけられる可能性もあります。お約束の時間に島尾家の玄関のブザーを押しました。黒の喪服のような洋服で、ミホさんは我々を迎えてくださいました。

ミホさんは映画化がやっと決まったとの小栗さんの報告に、静かに「本当にご苦労さまでした」とおっしゃり、隣の部屋の島尾さんの遺影が置かれた祭壇に私が持参した原作契約書を供え礼拝されます。我々も居住まいを正してそれにならいます。契約の条件については全く異存なく、特別な注文もなくホッとしましたが、「お二人を信じて立派な作品が出来るのをお待ちしています」と真正面から言われると、そこに原作のミホがダブって恐ろしいほどの緊張が私たちを襲います。ホテルに戻って二人はホッと息をつきながら、「これからが大変ですね。責任重大ですよ」と語り合いました。

ミホさんは契約を終えた後の雑談で「主演はどなたでしょうか?」と聞かれましたので、松坂は既に決定していますがトシオについては目下検討中と答えました。ミホさんは松坂さんはスターでいらっしゃるからと言いながら、松坂が果たしてどれだけミホを演じられるか危惧されている面も見せられ、ポツンと私に似ているのはと、ある女優さんの名前を漏らされました。トシオについても、島尾さんが文壇でも有名な美男子だった上、ミホさんにとっては最も大切な人なので、我々が今候補と考えている中の若手の二枚目に大きな関心を持たれたようでした。我々は、あくまでも映画『死の棘』は独立したものであって、決してソックリさんでやるものではないことをお話ししましたが、ミホさんの心の底にある思いは伝わりました。

帰京後、トシオのキャスティングのために動きを開始しました。我々の中には、松坂の相手役は松坂が楽な気持ちでやれる人選はするべきではないとの気持ちがありました。通常の釣り合いのとれた相手では、メイクをしないで素のままで演じることを決心した松坂の気持ちに緩みが出る公算は大です。主役二人ともが緊張して、新しい気持ちでトシオとミホに取り組んでくれなければ『死の棘』の空気が出ません。最初想定した二枚目の俳優は松坂とは一回りくらい若く、本人とその周囲が余程の覚悟がなければ受けないだろうと思いました。そこで、直接本人に会いたいと申し入れました。脚本を前もって渡しておき、会う前に読んでおいてもらいました。

静かなホテルのロビーの一角での話し合いは、不調に終わりました。小栗さんの映画には出させてもらいたいのだが、このトシオの役を今やる勇気がないとのことです。やむを得ません。本人に立ち向かう気がないのに説得する気持ちはありません。去っていくその俳優の後ろ姿を見ながら、小栗さんが呟きました。「もう君を使うことなんか絶対にないぜ」。映画には賭ける気持ちがなければなりません。私たちの賭けている気持ちに呼応してくれてこそ共犯です。共犯になれない人間とは無関係になるしかありません。

奥山さんは、その二枚目が受けてくれればポスター的にも派手になると期待されていたようでしたが、我々にはもう、二枚目の中で代わりを探す気持ちはありませんでした。松竹の担当者からは何人かの候補の名があがってきましたが、我々が描く『死の棘』のトシオには無理だと思えました。我々は二枚目の線を捨てて、別の角度から候補を探しはじめました。トシオはミホ以上に難しい役です。狂気のミホの攻めを上回る懐の深さが必要です。しかも、所謂脇役の名演技を売り物にしているような確かな計算の演技では困るのです。不安な気持ちを抱えながら、それでもひたすらミホの狂気を受け入れようとする人間の素を持っている俳優でなければなりません。あれも駄目、これも駄目と、男優の名簿から多くの名前が消えていきました。

そんなある日、我々のキャスティングに協力してくださっていた女性から、岸部一徳の名前がポロッと出ました。彼女はかつて岸部のマネージャーをしていたことがあり、まさかと思いながらも口に出したのです。「うーん」小栗さんも私も唸りました。実在の島尾さんから考えると全く違っていますが、我々の『死の棘』のトシオに嵌《は》めてみるといけるかも知れないとの閃きがありました。『キネマの天地』の小津さんの役を演じた岸部の姿が蘇ってきました。小栗さんの顔に演出家としての賭ける表情がありました。やっと掘り当てたというのが偽らぬ気持ちでした。

直ちに連絡をとり、翌日私の事務所に来てもらいました。話の内容は伏せたまま、ただ小栗監督が次の作品のためにお会いしたいとのことと伝えてありました。岸部は全くの自然体で現れました。実はこの脚本を一度読んでもらい、貴方の気持ちを聞きたいのだと、私が切り出しました。岸部は「どの役なんでしょうか?」と尋ねます。「トシオです。主役です。相手役は松坂君です」「はあ……」。岸部は不思議な話を聞く表情です。「君にトシオをやってもらいたいんです」と小栗さんが言うと、はじめて岸部も事態が把握出来たようです。近所で読んでからまた来ますと、やや緊張した面持ちで岸部は出ていきました。その姿を、もう小栗さんはテストするような目つきで見ています。二時間ほど経ってから岸部が帰ってきました。真剣な顔で「私がこの役をやるんですか? 大丈夫でしょうか? 正直言ってご迷惑をかけないかと心配です」「いやですか」「そんなことはないんですが……」「君に出来ると我々が思っているんだ。我々に確信があるんだ」小栗さんが強く言いました。岸部の表情が泣きそうな真剣さになりました。「やらせてください」。やっと決まりです。

ところが、岸部にしたいと松竹に伝えたところ、猛反対が起きました。釣り合わない、松坂が可哀相だ。私は当初の約束を盾に、キャスティングは我々に任されている筈と言い張りました。「それはそうだが、非常識すぎる」。奥山さんは社内の声を背景に強く言われます。遂には担当者に席を外してもらう処置までとられます。然し、私も小栗さんも変える気持ちはありません。そんなことをすれば我々が目指した『死の棘』は出来ません。共犯を覚悟してくれた岸部を裏切れません。事態は硬直状態のまま続きました。

そんな時に、更なる岸部への反対の声があがりました。それはミホさんからです。岸部に決めるという小栗さんからの手紙に、ミホさんから激しい返事が速達で届きました。映画が小説とは別のものと承知しているが、映画にとって配役は重要な要素です。トシオは岸部さんのような関西人の匂いを持っていては駄目です。もともと岸部さんはバンドマン上がりの人で役者としての実績もありません。他の方にして頂きたい。私の心は島尾に済まないという気持ちで一杯です。泣きたい――。手紙は小栗さんに、貴方は背信したとまで言っています。流石に小栗さんも頭を抱えてしまいました。小栗さんに代わって、私から岸部に賭けることに決めた私たちの判断を懸命に綴って送りました。ミホさんも私には激しくはお書きになれなく、「そちらの考えはおありでしょうが私の気持ちは反対のままです。諦めるしかないのでしょう」。とのご返事がまた速達で届きました。

そんな事態に加えて、製作の方でも美術の面で未解決な点がありました。今度美術を担当してくださる横尾さんは、小栗さんとははじめての仕事です。日活出身の優秀な方ですが、小栗さんのイメージする『死の棘』の世界を具体的な形にするのには悩まれました。何しろ小栗さんの言うことは抽象的で想いだけです。美術は現実にセットを作らねばなりません。当初、小栗さんの中には３６０度撮影可能なオープンセットをメインにしてはというイメージがありました。そのイメージでは無理と、横尾さんは主張されます。こちらの論争も直ぐには解決出来そうにありません。

小栗さんから1年製作を延期したいとの意向が私に伝えられました。私には延期をためらう理由が二つありました。一つは映画というものは作れる気運を逃すと出来なくなるという事例が過去に幾多もあるからです。ましてや『死の棘』のような企画はその危険が大です。

もう一つは、私の事務所で翌年に実現すべく動いていた須川栄三監督の『飛ぶ夢をしばらく見ない』という企画の存在です。小さな事務所を作った時に、私は一本一本自分が納得出来る作品を作っていこうと思っていましたので、二本の作品が同時に撮影されるのは避ける方針でした。然し、よい作品にするためには小栗さんの提案を受けざるを得ません。奥山さんにお目にかかって延期を申し入れました。奥山さんは、岸部問題の冷却期間と受け止め、了解してくださいました。

この一年の延期は、美術の問題の解決をはじめとする諸準備の面ではよい結果を齎しましたが、荒木事務所の経営の点では苦労でした。しかも、例の岸部の主役問題では一向に松竹の理解が得られず、デッドロックに乗り上げたままで年の暮れを迎えました。

新年の挨拶を奥山さんにするべく、一月のはじめにアポイントをとりました。どういう出方をされるか、心の中では緊張して奥山さんの部屋に入りました。小栗監督も一緒です。新年の挨拶を二人で述べますと、奥山さんは意外にもニコニコとされながら「今年はちゃんと入ってくださいよ。岸部君のことやけど、私もあなたたちのガンコさに負けました。岸部君でいきましょう。諦めましたよ」と言われます。二人ともホッとして深々とお辞儀しました。奥山さんは鷹揚《おうよう》に頷かれ、「ただ、それについては一つお願いがありますのや。実は私は徳間さんと一緒に東京国際映画祭を仕切っていますのやが、今年のオープニングの作品に『死の棘』を出したいと思います。九月はじめまでに仕上げてくれませんか」とサラッと言われます。予期していないことですから二人とも返答に窮し、暫く無言でいました。「いや、今直ぐご返事頂かなくてもいいのですが、その方向でお願いします」。時間を貰ってしまったらＯＫしたことになります。「監督、撮影のことを考えると真夏と真冬が必要でしょう」と私が小栗さんに尋ねます。「そうです。この作品には季節感がないと成立しない要素があるんで……奄美のロケは真夏、田舎の墓参りのところは冬でないと」と小栗さんが話し出します。奥山さんは苛立って「そんな、映画は嘘をうまくつくもんでっしゃろ。冬やったら直ぐ準備したら三月ならそれらしく撮れますし、その後で七月に奄美のロケしたら間に合うんちゃいますか？」。小栗さんは諭すように言います。「それは出来ると言われればそうですが、私が奥山さんにお約束したちゃんとした作品にするには、私のわがままをお許しください。いい作品にしますから」「私が皆の反対を押しきって、あんたたちの言い分を受け入れて岸部をＯＫしたんでっせ。あんたらも折り合ってや」。奥山さんは今度は優しい口調で話しかけます。「奥山さんのご配慮には本当に感謝の気持ちで一杯なのですが、ここにいる全員にとって一番大切なのは『死の棘』という作品の出来だと思います。私たちは、折角の奥山さんの決断が正しかったと証明出来る純度の作品にしたいのです」。私も小栗監督も本当にそう思っていました。だから、奥山さんのためにも妥協するべきではないと思っていました。「あんたらはほんまに言い出したら引かんからな……そうやな、月末頃までに日を決めますから、ご飯でも食べながらもう一度話し合いましょう」。奥山さんも、直ぐにOKするのは言い出された手前まずいと考えられたのでしょう。二十日ほど経ってからのある夜、立派な料亭にお招きくださって再度の提案がありました。それでも二人は奥山さんのご好意に甘えることはしませんでした。流石に奥山さんも強くは言われませんでしたが、「あんたらも世間の渡り方というものをもっと知りなさいや。私やから引き下がりましたが、普通なら企画は流されますよ」。本当におっしゃる通りだと思いました。雑談に移った時に、奥山さんから映画祭の話が出ました。「どこを狙ってます」「カンヌです。年内に撮影を終了して一月の末頃までに仕上げれば間に合います」「それは理想やけど、カンヌは気位が高いからな……小栗さんやったらとは思いますが……」。奥山さんの納得の中に、『死の棘』がカンヌのコンペに出ることが出来たならという、ご自分への言い聞かせが生まれたと見てとれました。今思い出しても、冷や汗が出るくらいの私たちの無礼な頑張りでした。奥山さんが誰も連れて来られなかったのも、こういった結果を予想されてのことだったと思います。奥山さんは頭の切れる人でした。そして育ちのよい坊ちゃん気質の面がありました。自分だけの決断として、また社内に下ろしてくださいました。

こうして、最大の難所は乗り越えられましたが、まだ幾つかの課題が待っていました。奥山さんは最初からこの作品は大船で撮って貰おうと思ってをられましたが、大船で外部の監督が撮るには山田洋次監督の了承を得るという手続きが必要です。何しろ『寅さんシリーズ』は松竹のドル箱ですし、山田さんのお弟子さんしか大船には残っていません。松竹のトップの奥山さんといえども、山田さんの気持ちは忖度《そんたく》せねばなりません。「私からも山田さんによう言っときますから、荒木君からも挨拶しといてください」。小栗さんが大船のステージを下見する前に、私は一人で大船に出かけました。山田さんは「そう、小栗君が撮るんですってね。頑張ってください」とあっさりと迎えてくださいました。何年か前に松林宗恵監督で私が製作した『喜劇 ふしぎな國・日本』の時も、山田さんはすんなりと大船での製作を認めてくださいました。山田さんは私と昭和二十九年の同時入社で、助手時代に野村芳太郎監督作品で一緒に働いたこともあります。双方ともに、どこかで認め合っていたのでしょう。

懸案の一つだった小岩の家のメインセットも、横尾さんの提案を取り入れて第一ステージに組み込むことに決まり、図面が出来てきました。ステージの片隅にトシオの家が組み込まれ、その前面には戦後の荒れ果てた野原が展開し、ずっと奥のホリゾントには灰色の空が描かれています。そのステージでカメラは絞りを深くし、感度の低いフィルムを使用し、更に照明には劇ごとに工夫を凝らして、そこに映画『死の棘』の世界を現出するのが狙いです。そんな頭で描いたイメージが本当にフィルムに写った時にどうなるか、大きな賭けと言えました。

一方、キャスティングも進められました。幸いに、殆どの脇役の人選では小栗さんと私のイメージは共通していましたので苦労はなかったのですが、トシオとミホの二人の子供の役の人選には苦労しました。小栗さんは、『泥の河』の時でもわかるように子役の選び方は巧い人です。今度の二人は、親の陥った状況に微妙に反応するという難しい役です。オーディションをすることにし、児童劇団だけでなく全国の普通の子供たちにも呼びかけました。応募してきた中から五歳前後の男の子と三歳前後の女の子それぞれ十数名を選んでまず松竹本社で面接し、その中から数名を残して今度は大船のステージで実際に動かしたりセリフを言わせたりしてのカメラテストです。結果として、男の子は全くの素人の子供でいこうということになりましたが、女の子については小栗さんが決断しません。遂に小栗さんから私に、写真の段階で、遠距離に住んでいる上、生まれて間もない妹もいることから外した高知県の子供に、こちらから出かけて行って飛行場ででも会ってみたいという願いが伝えられました。小栗さんの執念に応えないわけにはいきません。小栗さんと助監督が高知に飛びました。

帰ってきた小栗さんは満足そうで、何枚かの写真を見せながら「この子にしたい」と言います。小さな妹を連れてお母さんが上京し、約二か月の間、撮影に付き添うのです。若い夫婦の二か月の別居が変な結果になったら責任問題です。健康管理も大変です。悪い方向を考えれば、製作の責任者として許可すべきことではありません。然し、小栗さんの「お願い」という顔の前には了承するしかありません。撮影中、助監督の一人が付きっ切りで彼女たちの世話をすることになりました。ウイークリーマンションを借りて、生活の拠点も確保したりと、おおごとになりました。でも、結果として素人の二人の子供は映画『死の棘』の支えとなってくれました。小栗さんの粘り勝ちです。

こうして誕生したトシオ一家四人は、クランクイン前には、栃木県益子の小栗さんの自宅に泊まりこんでの生活をしました。本当の家族としての時間を持ってからクランクインしたいという小栗さんの希望からでした。松坂も素直に従ってミホになり切ろうと努めてくれました。それは、長い間松竹の看板女優としてみんなに傅《かしず》かれてきた松坂にとってははじめて出会う厳しい仕打ちだったでしょうが、彼女も私たちの賭けに賭けてくれたのです。

松坂と岸部の二人だけの本読みは、西落合の私の自宅で行ないました。それは、この作品は私たちが作っていくのであって、松竹は距離をおいた存在であることを松坂に理解させるためでもありました。松竹の人に不満を述べても無駄だと悟って貰う必要がありました。

また、作品の中に登場する精神病院は、昭和二十九年頃の古さに加えて精神病院独特の冷えた雰囲気が必要なので、なかなか候補が決まりません。オープンセットにするのは予算上無理です。私自身も色々なルートを頼って探しました。ようやく妹から、宇都宮近郊にもう使用していなくて取り壊し寸前の元精神病院があるという情報が入りました。早速、小栗さんと二人で下見に出かけました。閉ざされた門の鍵を開けて貰って構内に入った途端、ゾッとするような冷気を感じました。大きな敷地に複雑な構造で残された廃墟に近いその建物は、かつてそこで過ごした不幸な人々の魂を今も残しているようでした。「すごい。これはすごいですよ」小栗さんはすっかり気に入ってくれました。病院の関係者の方々は好意的で、前述のような経緯で製作が一年延期になっても取り壊しの予定を延ばして撮影を待ってくださいました。そのお陰で、映画になった時にそれは大きな効果を齎してくれました。小栗さんは「あれは荒木さんのお手柄ですよ」と今も言ってくれています。

こうして諸々の準備も整い、ようやく『死の棘』はその年の七月の末に奄美ロケからクランクインしました。奄美の人々、特にロケ地の瀬戸内町の人々は、大歓迎でロケに協力をしてくださいました。ロケの終了した日の夕方には、町民会館で町長主催の慰労会が関かれました。撮影隊のスタッフ全員、勿論、松坂も岸部もお招きを受けました。奄美ですから焼酎がメインの飲み物です。お開き近くになると恒例の主賓のパフォーマンスとして、島歌と蛇皮線《じゃびせん》の演奏にあわせて独特の踊りが始まります。主賓たちがこの踊りをしながら賑やかに去って行くのが、お開きの儀式なのです。町長を先頭に小栗監督、私、松坂、岸部が町長の身ぶり手ぶりを真似て、参会者の間を縫うように出口に向かいます。参会者だけでなく窓に鈴なりの町の人たちも、それに倣っての大騒ぎです。心温まる一夜でした。

ロケから帰ると直ぐにセットです。大船の第一ステージは私にとっても懐かしい思い出の場所です。小津安二郎さんや木下惠介さんの名作を生んだ場所でもあります。そこに、横尾さんの緻密な設計になる小岩の家のセットが一杯に作られています。小さな掘り割りまでもが十文字に作られ、水が張られています。このセットこそが、私たちの『死の棘』という映画のメインのトーンを出す主戦場なのです。ところがセット撮影が始まって間もなく、大きな問題が起きてしまいました。それは照明の問題です。今度の照明の技師さんは安藤庄平カメラマンとも小栗監督ともはじめての方ですが、インディペンデントの多くの作品でそのセンスは高く評価されている方です。然し、技術の問題では微妙な点があります。口で注文されても具体的な方法論では違いがあります。まして、今度の『死の棘』では今までの経験を踏みにじるような注文が出ています。安藤さんにだってはっきりこうだと言い切れない撮影です。連日、徹夜で照明のやり直しが続きました。遂に、その技師さんから降ろしてほしいというお話が出ました。やむを得ません。事態の解決のためには、その結論の方がよいと判断しました。小栗さんと安藤さんにお話しして、照明については安藤さんが責任をもって指導するということで、チーフの松井君を技師に昇格させて事態を収拾しました。情の面から考えれば、前の技師さんに申し訳ないことですが、映画の現場では時に非情も必要です。ようやく、セットの撮影が開始されました。

　そして数日後、最初の三日分ほどのラッシュが上がってきました。試写室に入る時から私は緊張していました。この一年あまりの間、私たちが心で描いていたイメージが本当に出ているだろうか。『死の棘』という映画の成否にかかわる問題でした。一番前の端の方の席で私は画面に食い入っていました。わずか三分ほどの分量でしたが、私は役者の演技やセリフには殆ど関心を持たず、ただただ『死の棘』という映画の世界が出ているかだけを見ていました。ラッシュが終わって明かりが点きました。私は一番後ろの席で見ていた小栗さんを探しました。私の目からは既に涙が溢れ落ちていました。小栗さんと目線が合いました。直ぐに私のところに近寄ってきてくれました。「出たね。空気が出てたね」。私と小栗さんは涙を流しながら握手しました。スタッフはみんな、何てオーバーなと思ったようでしたが、私たちにとっては大きな賭けに勝ったことの嬉しさで一杯でした。『死の棘』という企画が本当の意味で映画になったことを確信しました。大船駅の近所の居酒屋でスタッフたちと祝杯をあげました。私たちの喜びは安藤さんや横尾さんにも波及しました。この日からスタッフは自信を持って撮影に取り組むことが出来たと思います。私もようやく安心出来ました。「勝った。勝った」と、その夜の私は酔っ払いながら何度も言っていたようです。忘れられない夜でした。

松坂と岸部のコンビも、私たちの期待通りにミホとトシオを演じてくれていました。スッピンで出演することに最初は怖れを抱いていた松坂も、ラッシュを見てそれが自分を寧ろ輝かせていることに気付き自信を持ってきました。勿論、時には、今までの演技方法で演じて何度も小栗監督から駄目を出され、ナーバスになることもありました。岸部も、プールで行方不明のミホを竹の棒で水をかき回しながら探すシーンでは、何度もやり直しをさせられた挙げ句、小栗監督から「少し休みましょう。岸部君」と見放されたように言われ、プールの脇にしゃがみこんで涙を流すシーンもありました。然し、もうその頃には小栗監督の妥協しないやり方に全員が慣れてきて、スタッフも余計な声を岸部にかけたりしないで時のくるのを待つようになっていました。こうして、その年の十二月三十日、夜中の大船のオープンでのトシオ一家が襲撃に応戦するシーンの撮影でクランクアップしました。長い時間でしたが、終わってみるとあっと言う間のような気もしました。

アップした翌日の大晦日に、私は奥山さんからゴルフに招かれていました。大晦日には撮影は完全に終わっている予定でしたから、私から奥山さんにその日を指定させてもらっていたのです。殆ど寝ないでゴルフ場に向かいました。奥山さんにはやっとアップしたことを報告しました。「そうか、ご苦労でした」奥山さんもホッとされたような表情でした。その日のゴルフのスコアは覚えていませんが、帰宅して年越しソバを食べ、日本酒を少し飲んだら引きずり込まれるような眠気に襲われ、死んだようになって朝まで眠りこけました。

年が明けて仕上げの作業が始まりました。アオイスタジオで編集作業が進められ、音関係の準備も整ってきました。殆どの部分は問題はなかったのですが、一部のシーンに気になるところがあり、小栗さんにはオールラッシュの後で伝えてありました。精神病院の廊下で患者たちが動いているシーンです。それは脚本ではつなぎのシーンとして自然に思えたのですが、全体がつながってみると余分というか引っかかる点があります。小栗さんも何度か見て同感されて、私の提案したつなぎに同意してくれました。もう、その時点では従来の日本映画におけるプロデューサーと監督の立場ではなく、小栗さんも私と共犯関係にあることを実感してくれていました。仕上げの段階で監督とプロデューサーが共通の認識を持って信頼関係を築いていることは幸せなことです。私の提案を受け入れるとともに、小栗さんからもミホが洗いかけの米を突然撒き散らすシーンをカットしたいとの申し出でがありました。それはショッキングなシーンで、松坂の演技も良かったのですが、他のシーンでもう十分ミホの狂態は描いてあるので、小栗さんにはこのシーンを残すことは、ダメ押しをするようでミホを苛《さいな》めすぎるような気持ちになるとのことです。映画の刺激の加減は出来上がりの印象を品なくする場合もあります。惜しいシーンでしたがカットに同意しました。武満徹さんご推薦の作曲家・細川俊夫さんの音楽も映画『死の棘』に深みを与えてくださいました。私たちが最初にイメージした『死の棘』はようやく完成しました。

初号試写が終わって奥山さんは、「これは純映画ですな。純文学という言葉がありますが、これは正にそういった意味での純映画や」と言われ、それは褒められたような、また観客にはわかりませんよという失望を込めた言葉にも聞こえました。小栗さんも私も、この映画が一般の観客だけでなく映画業界の人にも批評家にも受け止めにくい面があることは覚悟していました。それだからこそ、私たちの思う方向で作らせてもらったのです。私たちは奥山さんに、映画タイトルについて一つの提案をしました。それはタイトルの頭に「総指揮　奥山融」と入れることでした。「普通、この程度の予算規模の映画には会社の代表者の名前は入れないことになっていますが……」「でも、この映画は奥山さんのご決断があって生まれたものです。私たちとしては是非入れさせて頂きたいのです。ご迷惑でしょうか?」「いやあ、そう言われたら、貴方たちの気持ちも嬉しいことですし……」。ようやく、奥山さんも自らの名前をトップに出すことを承諾されました。

一月の終わり頃に、松竹の国際部の黒須さんから、カンヌ国際映画祭の極東担当のマックス・テイッシエ氏が来日するので予備審査を受けたいとの知らせがありました。松竹の試写室での上映後、マックス氏との話し合いがありました。どうもマックス氏は『死の棘』が自分の好みではなかったようで「スロー・アンド・ダーク」と評して乗り気ではありません。小栗さんはカッとしたようでしたが、ここで論争しても無駄と考え、マックス氏に「あなたの感想はわかりましたが、直接パリに送って責任者のジル・ヤコブ氏に観てもらうようにしても構いませんか?」と尋ねました。「それは構いません」。マックス氏の言質《げんち》を取ってから、黒須さんにお願いしてパリへ送ることにしました。私には心の中で、この『死の棘』は世界の映画の中でも突出したものがあるので、見る目がある人に出会えれば可能性はあるとの思いがありました。黒須さんにとっては、マックス氏に逆らってまでという気持ちもあったかと思いますが、私たちの気持ちと奥山さんの特別な思い入れの映画だからやってみようと動いてくださいました。

最初の外部試写は、マリオンの松竹の劇場で行なわれました。私たちはミホさんに上京してくださるようお招きの手紙をお出ししましたが、欠席のご返事が来ました。まだ拘《こだわ》っていらっしゃるのがアリアリです。当日は故島尾さんのご友人の作家や文芸評論家も大勢いらっしゃいました。映写中は全く静かで不気味なほどです。私たちがはじめから笑いを意識したシーンでもシーンとしています。どうも、この映画の出だしからの緊張感が、観客を楽にさせないことがよくわかりました。終了後、ロビーに出てきた招待客たちは、どう批評すべきか困っていらっしゃるようでした。ただ、三國連太郎さんがしきりに「素晴らしい」と言われているのが目立っていました。私のお招きしたお客様の中では、ＮＨＫの会長の川口幹夫さんの奥様が「見事な映画でした」と本心からおっしゃってくださったのが印象的でした。

公開は四月の半ばと決まっていましたが、カンヌからは一向に返事が来ません。小栗さんにも焦りが少し生じてきました。高野悦子さんに相談されて、コンペではなく監督週間とかある視点部門だったらという見通しも頂きましたが、私は「最初の狙い通りにコンペ一本で待ちましょう」と折角のお話もお断りしました。四月一日のスポーツ紙には、今年のカンヌは日本映画のコンペ出品は全滅との記事が出ました。その日私は住友商事のお誘いでよみうりカントリークラブで、ヘラルドの原さんと松竹の窪谷さんとゴルフをしていました。原さんから「どうも『死の棘』も駄目らしいよ」とそっと告げられました。「まだ返事がないんで望みは捨てていないんですが」と言いながらも暗い気分でした。折悪しくその日は土砂降りの天候です。ゴルフを終えて夕方事務所に寄りました。そこに、パリのヤコブ氏からのＦＡＸが届いていました。「カンヌ国際映画祭は小栗康平監督の『死の棘』を喜びをもってコンペティションに招待いたします」。瞬間、夢かと思いました。頭が、目が、熱くなりました。松竹の国際部に電話しました。黒須さんも大興奮です。奥山さんも大喜びとのことです。小栗さんにも連絡しました。「ほんと、よかったね。これで粘った甲斐があったね」。電話の向こうの声は、いつもの小栗さんの静かさを思うと上ずって聞こえました。松竹は急遽、カンヌでのホテルの手配や通訳の手配に大わらわです。本当に小栗さんは運の強い人です。私が何十年にもわたってバクチ打ちと言われた成果がこういう形で実りました。

カンヌの出品と並行して各地での試写会やキャンペーンも行ないました。特に私たちは奄美での試写を全国に先駆けてやりたいと思っていました。クランクインした土地ですし、島尾さんとミホさんの原点の場所です。松竹の九州担当のセールスの方が、映画館のない瀬戸内町に船で映写機を運ぶ手配をしてくださいました。町の外れの体育館が会場です。床にゴザを敷いたのが客席です。港から町役場が特別にバスを出して、周囲の島々からのお客さんを運びます。会場は超満員でした。町長さんから、この作品がカンヌの国際映画祭に出品されることが決まったとの報告がなされ、満場の拍手に包まれました。映画の世界が地元の人にどこまで伝わったかはわかりませんが、兎に角ミホという島育ちの女がトシオというヤマトンチューをやっつけるという点では評価が高かったようでした。

奄美の試写会を終えて、私たちは次の試写のため鹿児島に寄りました。鹿児島にはミホさんがいらっしゃいます。私たちは試写の始まる四時間ほど前にミホさんを訪ねました。ミホさんには南日本新聞社からも試写のご案内を既にしてありましたが、ミホさんは私たちがお願いしても試写にはおいでにならないとの姿勢を崩されません。何ともやりきれない思いで私たちは会場に向かいました。劇場で小栗さんが観客に挨拶をはじめて間もなく、客席の後ろの扉がそっと開いて黒いベールで顔を覆ったミホさんが入って来られるのが見えました。小栗さんははじめは気づかないで話していましたが、私の目くばせに気づいてやや緊張が増しました。映写が始まって終わるまでの約二時間、私たちは落ち着かない気持ちでした。不意に観てくださることになったミホさんの心理を測りかねていました。南日本新聞社の方もミホさんには気を遣ってをられ、終了後の南日本グループが設営している会食の場にミホさんがお顔を出してくださるかを私からミホさんに聞いてほしいと頼まれました。試写会が終わって観客の大半が去った頃、ミホさんが出て来られました。「ありがとうございました」と私たちはご挨拶し南日本のお誘いを伝えました。「伺わせて頂きます」とのご返事にホッとして、南日本の担当者にご案内を頼みました。私たちはテレビと新聞のインタビューがあるので二十分ほど遅れて行かねばなりません。インタビューを終えて、料亭に向かう車の中で、「兎にも角にも、観てくださってよかった」と話し合いながらも、ミホさんの感想が怖かったのは事実でした。料亭のお座敷に入って私たちが席に案内されると、ついとミホさんが席を立たれ私たちの前に来られ畳に直に正座されます。私たちも緊張して相対します。ミホさんはピタッと両手をつかれて深くお辞儀をされ、私たち二人の顔をジッと見られて言われました。「いろいろとご無礼を申し上げましたが、私の誤りでした。今日拝見いたしまして小栗さんと荒木さまのお考えがわかりました。

凄い作品でございます。何も申し上げることもない見事な出来です。島尾も喜んでくれるに違いありません」。全身の力が抜けました。長い間、私たちに刺さっていた「死の棘」が抜けたのです。その夜は飲みました。ピッチが上がりました。ミホさんも楽しそうにされていました。二次会にも来るとおっしゃり、南日本の方々も驚かれました。ミホさんのタクシーを見送ってホテルまでの道を歩きながら、小栗さんと私は何度も握手し肩を叩き合い、ミホさんの心が解けたことを喜びました。

やがて公開の日が来ましたが、入りは作品の持つ暗そうなそして難しそうな印象が客を呼ばなかったのでしょう、平凡な数字でした。松竹の邦画番線での公開だったのですが、やはり内容的に洋画の劇場の方がよかったようです。公開中にカンヌの国際映画祭がありますので、その結果に期待する声が営業部から出ていましたが、興行の勝負はついていました。私の事務所は、結果的に直接製作費のオーバー分の一千五百六十万円を負担していましたので、回収は殆ど見込めないと覚悟しました。製作費のオーバー分の中には、松竹側が負担すべきと考えられる松坂のCM出演のキャンセル代も入っていました。奥山さんとの約束で、松坂は『死の棘』の出演中は他の仕事には入れないことになっていましたが、製作スケジュールが延びたためメナード化粧品に待たせていた新しいCMの撮影をこちらのクランクアップの直前に撮らねばならないと松竹側は言ってきました。私から見ればスポンサーのメナード化粧品と松竹との間で交渉の余地はあると思えましたが、松竹の芸能担当役員の方は絶対に無理だと動かれません。

小栗監督は、ラストシーンが迫って松坂の表情が締まってきている今、ＣＭに出せばＣＭ側は化粧品だけに出来るだけ奇麗に撮ることを考えるに決まっている、それではラストが壊れてしまうから困ると言い張ります。私にしても、折角築き上げてきた作品の純度を損なわれるのは真っ平です。結局、私がメナードに赴いて先方の責任者とお会いし、事情を説明してＣＭの撮影を中止して貰いました。その結果、確保していたスタッフの解散やスタジオのキャンセルなどの直接的な費用は、『死の棘』側が負担することになりました。やむを得ません。お金には代えられない、作品にとって重大な問題だったのです。こういった出費については松竹側にも負担して貰いたいと交渉すべきだったのでしょうが、奥山さんをまた煩わせての交渉はしたくなく、諦めてしまいました。このあたりが私の愚かなところです。

さて、いよいよカンヌへ出発の日が迫って来ました。この年のカンヌでは、黒澤監督へのオマージュとして初日にスピルバーグやジョージ・ルーカスたちが壇上に上がって黒澤さんを称えるイベントがあり、奥山さんもそれに間に合うためにゴールデンウイークのど真ん中に出発です。奥山さんには黒澤さんの次の作品『八月の狂詩曲』を松竹で撮ってもらう予定があり、黒澤さんに接近している必要がありました。私も小栗さんも、その奥山さんのスケジュールに便乗して早くからカンヌに行くことになりました。コンペ上映のメインは五月十六日の夕方ですから、それまでは随分余裕があります。きっと奥山さんの心の中に、我々に対する「ようやってくれた」という思いがあり、それがご褒美という形でこの旅程になったのでしょう。

この旅に、私は家内も同行させることにしました。松竹の予算では、私と小栗さん、松坂と岸部は入っていますが、私の家内や小栗さんの奥さんの分は含まれていません。幸いホテルはツインですから、航空運賃だけ負担すれば滞在費はある程度で済みます。小栗さんの奥さんは、プロデューサーの藤倉さん夫妻と一緒に安い運賃のエアロフロートで後から見えるとのことです。私の家内は、私が『死の棘』に取りかかる頃から目の具合が悪くなっていました。黄斑変性という病名で、近代医学では治療方法がまだ発見されていない難病です。原因は栄養失調か強度のストレスとのこと。そうであれば後者しか考えられません。犯人は、自分勝手な生き方をして家内に負担をかけ続けてきた私しかありません。一時は失明の可能性も告げられ落ち込んでしまっていた家内ですが、私が製作協力した中国映画『孫文』の関係者が偶然紹介してくれた気功の先生の治療を受けた結果、やや視力が回復してきました。この機会に、家内の好きな海外、それも滅多に行けないコートダジュールでの長い滞在は、私のせめてもの家内へのプレゼントになるかと思いました。家内はその昔松竹に在籍し、奥山さんのお父さまの専務の秘書も務めたことがありますし、今度の旅に奥山さんに随行してくる洋画担当の窪谷さんやその奥さん、興行担当の星野さん、国際担当の遠藤さんとも旧知の仲です。松坂、岸部とも、本読みや打ち上げを我が家でやった関係で気心が知れています。気を張らずに楽しい時間を過ごせ、日常のストレスが解消出来るかと思いました。

カンヌという町が映画祭の時期には特に輝くというのは本当でした。海岸には人が溢れ、ホテルや海岸のレストランのテラスでは有名人たちが談笑しています。会場のパレ付近には、物見高いファンたちが群がっています。我々もその雰囲気に呑み込まれました。

到着の翌日、『死の棘』の一行はパレの事務局を訪問し、ジル・ヤコブ氏とお会いしました。痩せて長身の、目の鋭い方でした。我々が席についた時、突然ヤコブ氏が「この映画のプロデューサーの方はどなたですか?」と言われました。奥山さんが「私です」と答えられると、ヤコブ氏は首を振り「奥山さんは最高責任者でしょう。本当にこの作品を手がけた人です」と続けられます。奥山さんは納得されて私を紹介されました。ヤコブ氏は「この作品を作られたことに対し敬意を表します」と言って頷かれました。私の中に喜びが湧き上がりました。この人は映画が生まれるまでの様々な苦労を理解出来る人だ。この人が我々の『死の棘』を選んでくださったのは、作品の中に何かを深く感じてくださったからに違いない。カンヌ国際映画祭が権威を持ち続けられるのも、こういった見識の持ち主が選ぶからだと実感した瞬間でした。

楽しいカンヌ周辺での寛いだ日々がすぎ、ようやく晴れの上映日が来ました。五月十六日午後六時の上映に合わせて、ホテルまで迎えの車が三台来ます。我々男は皆タキシード姿で、女性たちも正装で乗り込みます。松坂はキモノ姿で一段と映えています。車は海岸通りを進み、パレの前の指定の場所に着きます。そこで奥山さん、小栗さん夫妻、私と家内、松坂、岸部が一列目になり、三列になって赤いカーペットの通路を進みます。間もなくパレの会場への幅広い階段にさしかかります。先導の係員が両手をひろげながら後ろ向きにゆっくり案内してくれます。階段の要所要所でストップさせられます。世界中からの報道陣のカメラのフラッシュが一斉に光ります。何度かそれが繰り返され、ようやく入り口に到着します。そこには映画祭のディレクターと事務総長が待っています。「ようこそお出でくださいました。我々は今日『死の棘』を上映させて頂きます。どうぞ」と挨拶されて、彼らの先導で客席に案内されます。既に客席は満席の状態です。中央の何列かが我々のための席で、そこはライトがあてられて浮き上がっています。観客の拍手は我々が着席するまで続きます。そして、我々の着席を待っていたかのようにスポットライトが消え、場内が暗くなります。直ちに上映が開始されます。もう何度も見た作品ですが、フランス語の字幕が新しい緊張感を与えてくれます。観客にどういう雰囲気で受け止められるかドキドキしてきます。上映日が近づいた時に、ヤコブ氏から、カンヌの観客は無礼な点があるので自分の気に入らない作品であったら平気で席を立つことは間々あり、三分の一くらいが席を立っても気にしてはいけませんよとの伝言を受けていました。作品のテイストがテイストだけに、私もそういうことがあるだろうと覚悟はしていましたが、心配でした。

ところが、客席からは時に笑い声も起きます。それは、私や小栗さんが期待していたシーンで、です。しかも、緊張感は持続しています。結局三〜四人の観客が席を立って去りましたが、最後まで大多数の観客は観続けてくれました。エンドマークが出ると、再び我々の席だけにスポットライトがあてられます。瞬間、場内は拍手の嵐です。係員に導かれながら我々が場内から去るまでその拍手は止みません。何という雰囲気でしょう。自分の作った映画がかくも熱く観て貰えた……こちらの胸も熱くなります。小栗さんの奥さんの目は涙で一杯です。全員が酔ったような気分で会場の外へ出ました。これがカンヌなんだと実感しました。その夜は日本食レストラン「ふじ」に関係者が集まって、慰労会が開かれました。翌日に日本に帰られる用事がある奥山さんの乾杯で始まった宴は、やがてマスコミの方々も参加して賑やかに深夜まで続きました。もっとも、カンヌではこの映画祭の期間、どこででも人々が行き交い時間の観念なんか吹き飛んでいるのが当たり前の光景です。

上映の興奮から醒めた、映画祭を取り上げた翌日の現地の新聞の評価は冷たいものでした。既に上映が終わったコンペ参加作品の題名が並べられ、競馬新聞の予想のように◎○▲といった印がつけられているのですが、我が『死の棘』には殆ど印がありません。もっとも、この予想は外れるので有名だそうですが、それでも反応の低さは気になります。

二十一日の発表の前日午後三時すぎに、松竹の国際担当の遠藤さんが息せききってホテルのテラスでのんびりとしていた私のところへ近づいて来ました。聞けば、つい先程知らせがあって『死の棘』が国際批評家連盟賞に選ばれたとのこと。表彰式が五時からパレの中のホールであるが、小栗さんが奥さんとニースに観光に行っていて戻る時間が不明なので、私に代理で表彰式に出席してほしいとのことです。この賞は小栗さんが映画祭の本賞以上に欲しがっていたので、代理で受け取るのは気が引けましたがやむを得ません。急いで表彰式の会場に向かいました。会場には既に沢山のジャーナリストたちが集まり、ガヤガヤと話し声と煙草の煙で充満していました。賞の性格上、殆どの人はカジュアルな服装です。表彰も本当に気楽な雰囲気で、小栗さんに代わっての私の挨拶もあまり聞いている様子もないくらいでした。表彰式の後には、色々な方々がお祝いの言葉をかけてくださいました。遠藤さんの通訳によるものですが、皆さんにとってこの映画は極めてショッキングな作品で、日本映画がこういった題材をこういう手法で作り上げたことは賞賛に値するとのことです。

特に印象に残ったのは、長年コンペ作品の英語同時通訳を担当されているという老婦人の感想でした。「私は長年ここで仕事をしていて、それは多くの映画を観てきましたが、『死の棘』ほどすべてのカットが完璧で乱れていない映画には出会ったことがありません。決して美しい題材ではないのに、どのカットも美しく感動させられました。こんなにすべてのカットを美しく仕上げられるのは日本人の感性なんでしょう。今、世界の映画作りはパワフルであったりショッキングであったりという方向ばかりですが、この映画は映画というものの本質を見せてくれました。有り難う。小栗さんとスタッフに敬意を表します」。この言葉こそが、私たちが『死の棘』で目指したものを表してくれていました。

その夜、ニースから帰って来た小栗さんは受賞を喜び、自らが表彰式に出られなかったことを残念がっていました。松竹の関係者の中では、これを受賞したら明日の本賞は貰えないんじゃないかとの観測がささやかれていましたが、私たちは幸先良しと考えていました。明日のラストイベントが終わると翌日の午後には帰国の予定です。今夜が最後の寛げる夜だからと、我々『死の棘』スタッフはリッツ・カールトンホテルの最上階のカジノに繰り出すことにしました。小栗夫妻、我々夫婦、それに岸部と彼のマネージャーの六人に松竹の人間数人です。岸部は既にこのカジノには出かけたことがあり、その儲けで旅行鞄を買ったそうです。流石にカンヌ第一のカジノだけあって、雰囲気は最高です。小栗さんの奥さんも私の家内も、見よう見まねでルーレットにそっと少額のチップを賭けて楽しんでいます。ところが、バクチ大好き人間のはずの私には、賭けたい気持ちが一向に湧いて来ないのです。家内が側に来て、「どうしたの。具合でも悪いの」と尋ねます。「いや、そうじゃないんだが。何だか乗らないんだ」。私にとっては、大きなバクチはまだ明日に残っているのです。なまじっか、こんなところでツイてしまったら運が逃げるのではと、変な躊躇がありました。その時は、そんなことを口に出すのも運を逃がすことになるような気がしていたのです。

五月二十一日、表彰式の日が来ました。前夜の遊びで寝坊して、遅い朝食を済ませてからホテル内の松竹の事務局が使っている部屋に行きました。もう、広報担当の方々や通訳の人も集まりはじめていました。午後になって直ぐ、松坂のマネージャーから電話がありました。マルセイユでＣＭの撮影中なので、今日の表彰式に出られないとのことです。私はその電話を替わって取りました。「絶対に表彰式に間に合うように帰って来なさい」「だって、賞は取れそうもないんでしょ」「そんなことは君が言うことではない。松坂君を出しなさい」私は強く言いました。

我々が長い年月互いに苦労して辿り着いた今日の日に、松坂が来ないなど許せません。松坂本人は来たいと思っているのは確かです。私の強い言葉に、松坂のマネージャーは折れて表彰式に間に合う時間に帰すことを約束してくれました。

その事件が終わった頃の午後二時すぎに、映画祭事務局から問い合わせがありました。「今日の表彰式に『死の棘』関係者は何人くらい出席されますか?」「多分、六人から八人くらいになるでしょう」と返答しますと「こちらでは十一人までは用意出来ますので、その範囲までならどうぞ」とのことです。そして迎えの車を三台、午後六時半に差し向けますとも付け加えてくれました。丁度その時、部屋には読売新聞社の河原畑さんが様子を見がてら顔を出していました。そして新聞記者らしく、推理されました。「荒木さん、これはひょっとしたらだよ。人数が多くてもよいというのは、多く来てくれということじゃない。賞が貰えるかもよ」「そんな、先読みしないでくださいよ」と答えながら、私は何かその電話に単なる連絡でないものを感じていました。

四時をすぎるとそろそろ支度をせねばならないので一旦部屋に帰り、家内と着替えにかかりました。思えばこのタキシードは、いつの日か映画祭で着ることもあるかと『孫文』の打ち合わせで広東に行ったついでに香港で作ったものです。半日で仕立てたものですし値段も安かったのですが、兎に角この晴れの舞台で役に立ったのです。小栗さんもどこかで借りてきたのでしょうか、なかなか似合ってサマになっていました。「まあ、遅れた七五三ですね」と照れながら、二人はロビーで家内たちの準備が整うのを待っていました。

五時を少しすぎた頃、松坂が帰って来ました。今夜は洋服なので支度はあまり時間はかからないとのことです。これで勢揃い出来たとホッとしました。テレビではもう、パレの前から各作品の関係者の入場の様子を映しています。地元の映画祭専門のテレビです。実はこの年からカンヌ国際映画祭の表彰式が衛星放送でヨーロッパ十八か国に中継されることになったと聞いていましたが、そっちの方は午後六時四十五分からとのことです。画面には丁度、『菊豆』の関係者の入場が映っています。徳間さんが真ん中で主演女優のコン・リーたちを引き連れて堂々の入場です。前評判が高く、自信に満ちた空気が流れています。群衆のどよめきも一段と高いようです。

やがて、ロビーに『死の棘』の関係者が全員揃いました。それぞれがなんとか笑顔を保とうとしていますが、緊張感は拭えません。

丁度六時三十分に迎えの車が来ました。三台に分乗して出発です。私は一台目の助手席に座りました。走り出すと運転手が笑顔でしきりに話しかけます。隣に座った遠藤さんが通訳してくれます。「オレの車は縁起がいいんだぜ。去年も賞を取ったんだ」。でも笑えません。ほんの数分でパレの前に到着です。上映日とは比べようもないほどの群衆が待ち受けています。今度は、上映日とは違って階段での撮影はありません。案内された我々の席は、舞台に向かって右側の前から七番目くらいのところです。通路側の端の席に小栗さんが座り、私がその隣に座りました。と、通路の直ぐ側の補助席に座っていたヤコブ氏が立ち上がり、その威厳のある顔の表情をちょっと緩めて挨拶されます。私たちも恐縮して小さな声で「ボン ソワール」と言って挨拶を返しました。こんなところにヤコブ氏が座っているんだと驚きました。てっきり壇上に並んでいるものと思っていましたが、あくまでも脇役に徹してをられるのです。日本のこの種のイベントとの違いがよくわかりました。

席についてちょっと落ち着いて観察すると、壇上のテレビのカメラは舞台の右側の脇と会場の後方と左右の扉近くに配置されています。受賞者の登壇をとらえるのは壇上のカメラしかありません。そうなると、この右側の席はひょっとするとと、欲張った考えがよぎります。更に、テレビの関係者が我々の名前などを聞きに来て、席の順番を替わるように指示してきました。小栗さんに真ん中の席に移ってほしいとのことです。なんでだろうと思いながらも、テレビが少なくともこの列を映そうとしていることは感じました。

音楽が鳴り、会場のザワメキが収まりました。いよいよ開幕です。フランスの有名タレントらしき人物が司会をします。物凄い早口で何をしゃべっているのかはわかりませんが、笑い声が起きているのですからジョークを連発しているのでしょう。表彰は新人監督賞などの部門から始まり、やがて男優賞や女優賞と発表されていきます。私は心の中で、ひょっとすると松坂の女優賞はあるかと思っていましたが、通過しました。もう残り少なくなっています。その時、司会が突然、審査委員長のベルナルド・ベルトリッチに変わりました。ベルトリッチは、今年から従来のグランプリはパルム・ドール賞とし、それに並ぶものとして新たにカンヌ・グランプリという賞が制定されたと紹介されました。どうも前年のグランプリの選考で大きな論争があったようで、その対策として日本の文学賞でいえば直木賞にあたるものがパルム・ドール、芥川賞にあたるものがカンヌ・グランプリとなったようです。そして、新たにグランプリとなった賞の受賞作品は「L'AIGUILLON DE LA MORT コーヘイ オグリ……」。〝オグリ〟という言葉が今も耳に残っています。

「やった」真ん中の席で小栗さんが叫びました。カンヌ・グランプリには『死の棘』と並んでブルキナファソの作品が告げられていましたが、我々の耳にはもう入りません。小栗さんが通訳と一緒に通路に出ようと私の方に来ます。さっきのテレビの指示はその姿を追うためでしょう。私と小栗さんは無言で抱き合いました。「さあ、行ってらっしゃい」送りながら私の目から涙が止めどなく流れ落ちます。ハンカチで拭くことも忘れ、手で拭うだけです。ヤコブ氏が静かに握手の手を差し伸べてくださいました。私は壇上の小栗さんを見ようとしますが目がボウッとしてはっきり見えません。周囲の人の様子も全くわかりません。ただ席に座って涙を流していました。もう感動という言葉では言い表せない不思議な感情でした。そんな私の姿がどうやら衛星放送で流されたようです。次いで、パルム・ドールにデヴィッド・リンチの『ワイルド・アット・ハート』が選ばれ、関係者が舞台に上がって行きます。もう、フィナーレです。全受賞者が壇上に並び、客席からの拍手の嵐にそれぞれが手を振って応えます。我々も、赤いリボンで巻かれた賞状を頭上に掲げて振る小栗さんに向かって手を振ります。その時の写真を後で見ますと、松坂は手を高々と突き上げながらピョンピョンと跳んでいました。興奮が抑えられなかったのがよくわかります。

表彰式が終わるとクロージング・パーティーです。パレの中の大広間に沢山のテーブルが並べられています。我々受賞者のためのテーブルは奥の方に指定されています。出される食事は豪華ではありませんが、会場の雰囲気は大いに盛り上がっています。こういう時には男女みんなが正装であることが、より一層場を華やかにしてくれます。我々はお互いに祝福し合いましたが、やがて見知らぬ人々までが我々の席に来て祝福してくれます。「君ははじめて出品してグランプリを貰った。僕なんか何十年もその時を待っているんだぜ」と、笑いながらアメリカのプロデューサーが握手しに来ます。改めて幸運を噛み締めます。

松竹の方では、例の日本食レストラン「ふじ」に打ち上げパーティーを用意してくれていましたが、急遽それが「受賞祝賀会」となって、既にパレのパーティーに出られなかった人々が集まっているとのことです。我々は宴半ばで会場を去り、「ふじ」に向かいました。パレの周りにはまだ群衆が退場するスターたちを待ち受けています。その中に私に向かって指さして叫んでいる人がいます。遠藤さんが「テレビで泣いてた人だ」と言っていると教えてくれました。会場の入り口に街頭テレビがあったのです。私も照れ臭い思いを抑えて手を振って応えました。今晩は特別な夜です。足取りも軽く、何か宙に浮いてるような気分でした。

「ふじ」に到着すると、待っていた人々からの祝福の拍手の嵐です。誰彼の区別なく握手して回ります。私の中学以来の仲間の松竹の窪谷さんが笑いながら言います。「万に一つというけど、これは万、万に一つだね」。彼の長い映画経験から、『死の棘』が国際批評家連盟賞とカンヌ・グランプリのダブル受賞をするなんて思ってもいなかったようです。それだけに、長年の友人が我を張って作り上げた作品の栄誉をわざと冷やかし言葉で祝ってくれたのです。笑いながら、そして涙を流しながら宴は続きました。松竹の関係者は、一刻も早く奥山さんに知らせようと、日本時間が朝の適当な時間になるのを待っていました。ようやく繋がった電話に、黒須さんは「副社長、グランプリです」と叫んでいます。次いで、小栗さんが、私が、電話に出ました。「よかった。よかった。君たちの執念が実ったんやね」。奥山さんの弾んだ声が、その喜びの大きさを表していました。祝賀会の騒ぎはきっと奥山さんにも届いていたでしょう。

やがて、誰かが小栗さんや松坂、岸部にサインを求め、それが渦になってきました。「ふじ」の女将も色紙を持ってきます。その騒ぎを見ていて、ふと私もこの機会に小栗さんのサインを貰おうかなと思いました。そんなことは、私の性格から今までには一度も考えたことがなかったことです。サインの騒ぎが一段落したところで、私は小栗さんに表彰式の時の座席のチケットを出して「僕にもサインくれませんか?」と頼みました。小栗さんは急に真顔になって、「ちょっと待ってください」と言い残して「ふじ」の二階に上がって行きました。ややあって戻ってきた小栗さんは、「ちゃんと書きました」と言いながらチケットを返してくれました。そこには「荒木正也さん。ありがとう。小栗康平」と日頃の悪筆ではなくきちんとした字で書かれていました。その場で雑に書くことをためらう心遣いを見せてくれたことに、グッときました。

明け方近くになり、ようやく宴はお開きになりました。それでも、私たち夫婦や松竹の関係者と映画評論家の南さんなどは、場所をホテルのテラスに移して余韻に浸りました。ただ、小栗さんだけは奥さんの帰りの飛行機が早朝発なので、送るために出かけられました。実は、小栗さんの奥さんのチケットは表彰式の前々日発と固定されていたのですが、松竹の関係者に交渉を依頼し、追加の料金を払って表彰式まで延期して貰ったのです。それが早朝便しかなかったのです。華やかなカンヌ国際映画祭の裏には、貧しい日本の映画の作り手たちの悲しい現実があったのです。それでも、あの表彰の一瞬を奥さんが目の当たりにされたことは幸いでした。人生に滅多にない場面を逸しては生涯の痛恨事です。私にとっても、家内を連れてきたことの意味が生きました。こんなに輝いた表情の家内は久しぶりです。

やがて、小栗さんが飛行場から帰ってきました。我々はやっと冷静を取り戻して小栗さんに昨夜の表彰状を見せてくださいと頼みました。そういえば、祝賀会の時も赤いリボンで巻かれたままで、それは大切に飾られていました。部屋に戻って小栗さんが表彰状を持ってきてリボンを解きました。開いてみるとなんと白紙です。「そうか、だから赤いリボンで巻いてあったんだ。書き入れて今日渡してくれるんだ」。そう合点して、急いで小栗さんと私は黒須さんを伴って映画祭事務局に向かいました。ところが、事務局の返事は、これから表彰状を発注するので多分一か月くらいしたら送れるだろうとのことです。私たちは、日本の相撲協会の表彰状のように直ちに出来るものと思っていたので驚きました。帰国後の記者会見などの時に、何かないとサマになりません。まさか白紙を見せるわけにもいきません。まあ、もう世界中に報道されているんだからいいのかと、思うしかありません。行き届いているカンヌ国際映画祭ですが、こういったところは我々の常識とは全く違っているのです。何をこの人たちは心配しているのかと、係の人は驚き顔なのです。

こうして夢のような時間は終わり、その日の午後、我々一行は帰途につきました。パリまでの飛行機には、偶然審査員の方々が何人か乗って来られました。この方々が選んでくださったのだと心の中で手を合わせました。こちらに気づいて軽く会釈されたり、微笑みかけてくださる方もいます。噂では、女性の審査員の強い支持があったとのことです。この年の審査員の内四名が女性だったことも幸運でした。

パリから成田までの長い時間、私と小栗さんは隣り合って殆ど眠らずに話していました。「この作品は荒木さんと僕の二人の作品です」と小栗さんが言ってくれました。「今の本当の気持ちは？」と私が問いました。「ザマーみろですかね」。同感です。企画の最初の段階から準備段階、製作段階、宣伝営業段階と、いつも私たちは無理解の壁と戦って来ました。その戦いの結果、勝ち得たカンヌ・グランプリです。

成田には娘が迎えに来ていました。嫁に行った娘ですが、子供の時から映画の世界に馴染んでいて、今回の受賞がどんなに両親にとって喜びかはわかっています。目には涙が一杯です。どうも、泣き虫のＤＮＡは受け継がれているようです。

成田からは記者会見場に直行です。宣伝部の人が前日の新聞などを見せてくださいます。『死の棘』カンヌで受賞」との見出しと、カンヌで一緒だった記者の方々のレポートで紙面は大きく埋められています。スポーツ紙の下段では、『死の棘』の受賞記念の追加広告が目立っています。「これはないよね」小栗さんがその広告を指さしました。そこには勿論、「小栗康平作品」と大きく出ていますが、それに負けないくらいの大きな活字で「総指揮　奥山融」と書かれています。「製作　荒木正也」はその他大勢の扱いです。あの、タイトルを出すかどうかの話し合いの時の様子が思い出され、怒るよりも笑いたくなりました。これで、めでたしめでたしです。

記者会見では、質問は殆ど小栗さんに集中します。小栗さんも慎重に言葉を選んで答えています。勝者は謙虚でなければなりません。それが日本のマナーです。お義理のように、終わり近くに私にも感想を求められました。「私たちのこの映画の作り方が認められて幸せでした」とだけ答えました。まさか「ザマーみろです」とは言えません。

記者会見を終え、直ぐに松竹本社で待たれていた奥山さんにお会いしました。満面に笑みを浮かべて握手の手を差し伸べられます。たとえ大きな活字で総指揮と謳われることには首を傾げたとしても、この人がいらっしゃらなければ『死の棘』は生まれなかったのです。「お陰で株主総会でも晴れが出来ましたよ」と嬉しそうにおっしゃる奥山さんに、私たちは我を通しながら遂にお返しが出来たのです。小栗さんも同じ思いだったでしょう。その思いは、後に奥山さんが無念な形で松竹社長を解任されても、決して変わることはありません。

その夜遅く、自宅に帰り着きました。玄関や応接間にはお祝いの花が沢山届けられて華やかです。祝賀電報も束になって置かれています。一通、一通、有り難く読ませて頂きました。その中には島尾ミホさんとお嬢さんのマヤさん連名のメロディー電報もありました。メロディー電報はミホさんの好みとは少し異なるようでしたが、喜びの大きさを普通の祝電では表せないというお心が読み取れました。

祝ってくださる人々の中で、特に私の心を満たしてくれたのは、博報堂時代の後輩たちが設けてくれた宴でした。もう電波メディア部門のリーダーになっていた沢田さんの呼びかけで、私が博報堂時代に散々迷惑をかけた面々が集まってくれました。彼らを捨てて勝手な道を歩んでしまった私を、彼らは忘れずにいてくれたのです。私のわがままが実を結んだことを、皆が温かく喜んでくれました。涙が出るほど嬉しいことでした。

その年度の日本の映画賞において、作品賞では篠田正浩監督の『少年時代』と分け合う状況もありましたが、主演女優賞では松坂が総ナメで、主演男優賞も殆ど岸部が獲得しました。また、技術賞も『死の棘』のスタッフが独占状況でした。苦労してくれた皆に報いてあげられてプロデューサーとして肩の荷が下りました。そして、締めくくりの日本アカデミー賞の表彰式の日が来ました。主要全部門で『死の棘』はノミネートされています。この賞は他の賞と違って賞金がついています。名誉だけでなく実質的なメリットが齎されます。私もその場面を直に見守り祝福したいと思っていましたが、松竹から出席の案内がありません。文句を言うのもみっともないと考え、小栗さんたちには終了後、私の事務所の下の中華料理店に祝賀の用意をして待っていると告げて、事務所のテレビで表彰の模様を見ていました。作品賞を除いては、各部門で最優秀賞が『死の棘』の関係者に与えられました。

その夜は強い雨が降っていました。表彰を終えたスタッフたちは私の待つところに駆けつけてくれました。聞けば、奥山さんは私が出席していないのを大変気にされていたとのことです。カンヌでは特定の人たちが喜んだだけでしたが、この夜はかかわった者全員で喜びを分かち合うことが出来ました。参会のスタッフは賞金で懐も暖かくなっています。荒木事務所のただ一人の社員の馬場ちゃんという女性が言います。「プロデューサーなんて損な役ですね。赤字を背負ってもこんな会を開かなければならなくて」。そう言われれば正に損な役です。然し、私はこの集まっている誰よりも深く『死の棘』にかかわってきました。損とか得とかを超えた大きな達成感があるのです。私が若い時から目指したプロデューサーの本質が貫けた作品が出来たのです。それで満足すべきです。

私には、あのカンヌの表彰式の夜、小栗さんが小さなチケットに書いてくれた感謝の意の込められたサインが残っています。それが私にとっては大きな表彰状なのです。

43e FESTIVAL INTERNATIONAL DU FILM
CANNES 10-21 MAI 1990
LE FESTIVAL INTERNATIONAL DU FILM vous prie d'assister
à la SOIREE de 19h15 le LUNDI 21 Mai 1990
(Fermeture des portes à 19h00)
" GALA DE CLOTURE "
F16 RANGS A. ---> K. (COTE) PORTE "6"
Smoking, Tenue de soirée ****
Il sera disposé de droit des places non occupées 5 minutes avant le début de la séance

荒木正也　フィルモグラフィー

劇場公開日　1958年10月28日
『赤ちゃん颱風』
製作

劇場公開日　1959年5月5日
『バラ少女』
製作

劇場公開日 1963年4月14日
『七人の刑事 女を探がせ』
製作

劇場公開日 1963年9月11日
『嵐を呼ぶ十八人』
製作

劇場公開日 1964年7月4日
『日本脱出』
製作

劇場公開日　1979年6月16日
『北壁に舞う』
製作

劇場公開日　1979年12月22日

『関白宣言』

製作

劇場公開日　1983年4月29日

『ふしぎな國・日本』

企画／製作

劇場公開日　1983年6月4日

『東京裁判』

プロデューサー

劇場公開日　1985年7月20日

『ビルマの竪琴』

プロデューサー

劇場公開日　1987年2月21日

『螢川』

企画

劇場公開日　1987年7月4日

『次郎物語』

製作

劇場公開日　1988年7月2日
『西遊記』
企画／製作

劇場公開日　1990年4月28日
『死の棘』
製作

劇場公開日　1990年11月17日
『飛ぶ夢をしばらく見ない』
製作

劇場公開日　1995年8月19日
『アンネの日記』
企画／製作

劇場公開日　1999年7月10日
『天使に見捨てられた夜』
企画

映画の香気　—私のシネマパラダイス—

2022年10月13日　初版発行

著者　：荒木正也
編集・制作　：下田泰也、松田幸美、松元みぎわ
デザイン　：株式会社マップス
印刷　：日経印刷株式会社
発行人　：下田泰也
発行・発売　：Echelle-1

東京都新宿区下宮比町 2-14 飯田橋 KS ビル　☎ 03-3513-5826
http://echelle-1.com

ISBN 978-4-904700-41-9